本書獲中國社會科學院學科建設『登峰戰略』
資助計劃資助（編號：DF2023TS13）

番漢合時掌中珠

（西夏）骨勒茂才 撰
景永時 整理

黄河出版傳媒集團
寧夏人民出版社

圖書在版編目（CIP）數據

番漢合時掌中珠 / （西夏）骨勒茂才撰 ；景永時整理. -- 銀川：寧夏人民出版社，2025. 6. -- ISBN 978-7-227-08173-9（2025.8 重印）

Ⅰ. H211.73

中國國家版本館 CIP 數據核字第 2025HB0037 號

番漢合時掌中珠　（西夏）骨勒茂才　撰　景永時　整理

責任編輯　管世獻
責任校對　陳　晶
封面設計　姚欣迪
責任印製　侯　俊
出版發行　寧夏人民出版社
地　　址　寧夏銀川市北京東路 139 號出版大廈（750001）
網　　址　http://www.yrpubm.com
網上書店　http://www.hh-book.com
電子信箱　nxrmcbs@126.com
郵購電話　0951-5052106
經　　銷　全國新華書店
印刷裝訂　寧夏鳳鳴彩印廣告有限公司
印刷委託書號　（寧）2501067

開本　880 mm × 1230 mm　1/32
印張　2.5　字　數　28 千字
版次　2025 年 6 月第 1 版
印次　2025 年 8 月第 2 次印刷
書號　ISBN 978-7-227-08173-9

定價　25.00 元

出版説明

《番漢合時掌中珠》是西夏人骨勒茂才編寫的西夏語—漢語義、音互譯互注的雙解小詞典，成書于西夏乾祐二十一年（1190）。原書37葉，蝴蝶裝，高23釐米、寬15.5釐米，版框高18.7釐米、寬12釐米；四周雙欄，版心葉序爲漢文。每葉兩面，每面分3欄，每欄分4行，中間兩行大字爲西夏語、漢語詞語互譯；右邊第1行用漢字爲第2行的西夏字注音，第4行用西夏字爲第3行的漢字注音。該書是爲漢人學習番（党項）語言文字、番（党項）人學習漢語言文字而編寫，全書收録1000多個詞彙與短句。正如作者在序言中所言：『兼番漢文字者，論末則殊，考本則同。』『今時人者，番漢語言，可以俱備。不學番言，則豈和番

人之衆？不會漢語，則豈入漢人之數？』作者主張不同民族間通過相互學習語言文字，達到文化交流交融、民族互尊共榮之目的，這是中華民族交往交流交融在800多年前最爲真實的體現。

20世紀以來，《番漢合時掌中珠》在我國境内多地出土，其中以黑水城遺址出土最多，且内容較完整，現藏俄羅斯科學院東方文獻研究所。經考證，俄藏《番漢合時掌中珠》有初編和修訂本共4種，但均有缺損。我們對俄藏諸版本進行梳理、拼合和補缺，盡可能保持内容完整，并以原始圖版影印出版。本書可以作爲學習、研究西夏語言文字、漢語西北方音和欣賞西夏文書法之用，原書版本研究可參考本社先前出版的《〈番漢合時掌中珠〉整理與研究》。

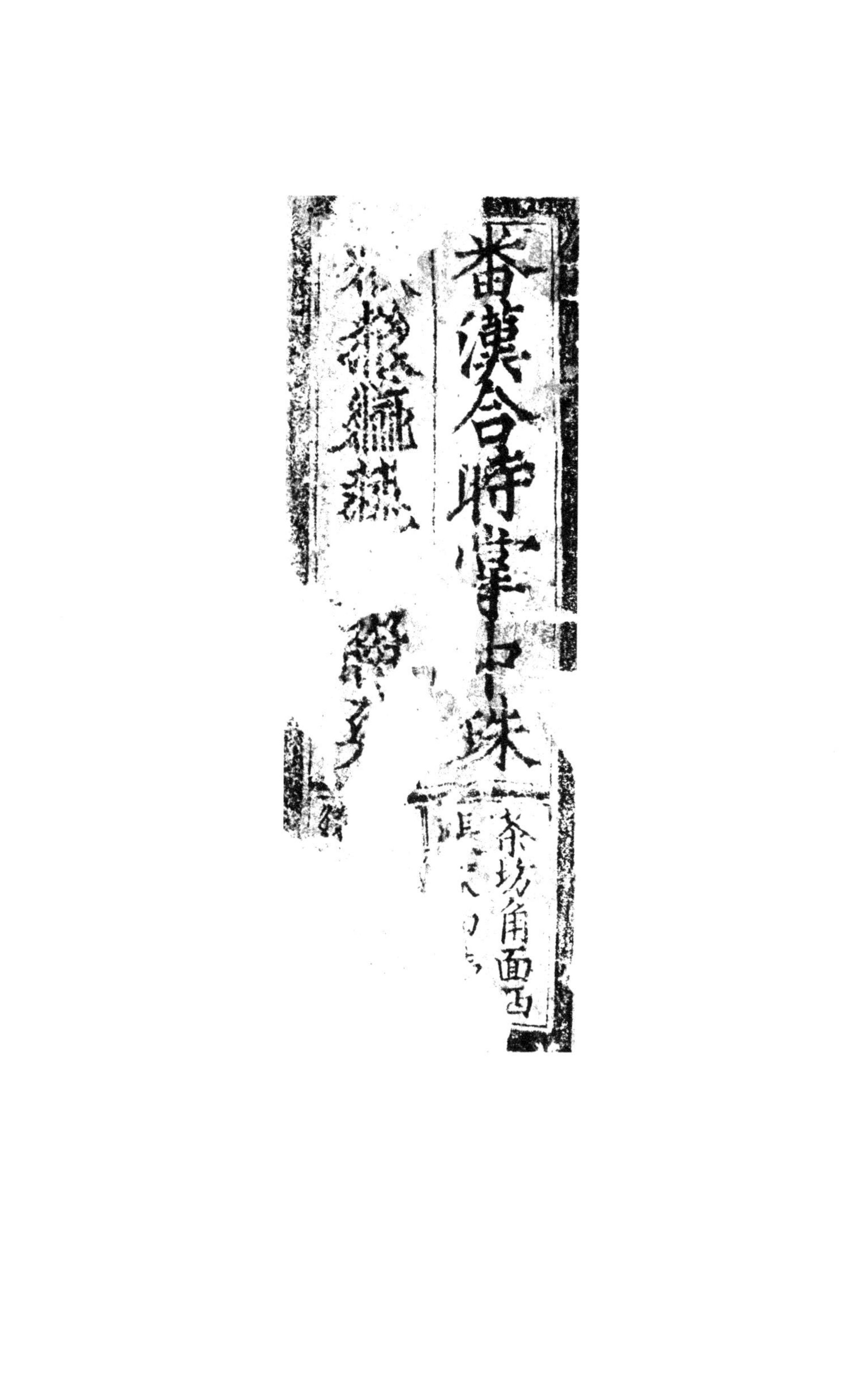

番漢合時掌中珠

茶坊角面西

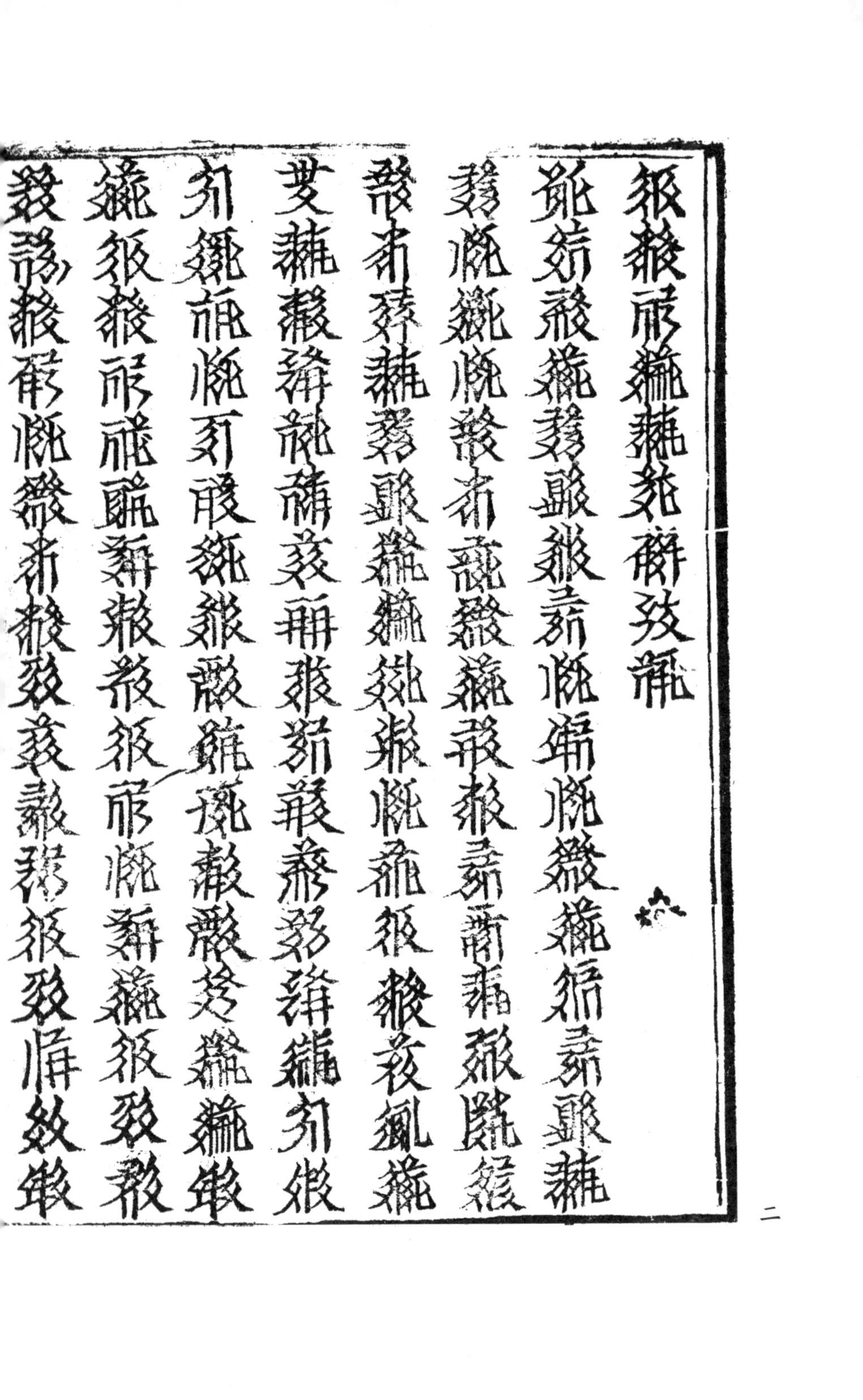

[illegible] 八

[illegible]

[illegible]

[illegible]

[illegible]

[illegible]

[illegible]

[illegible]

[illegible]

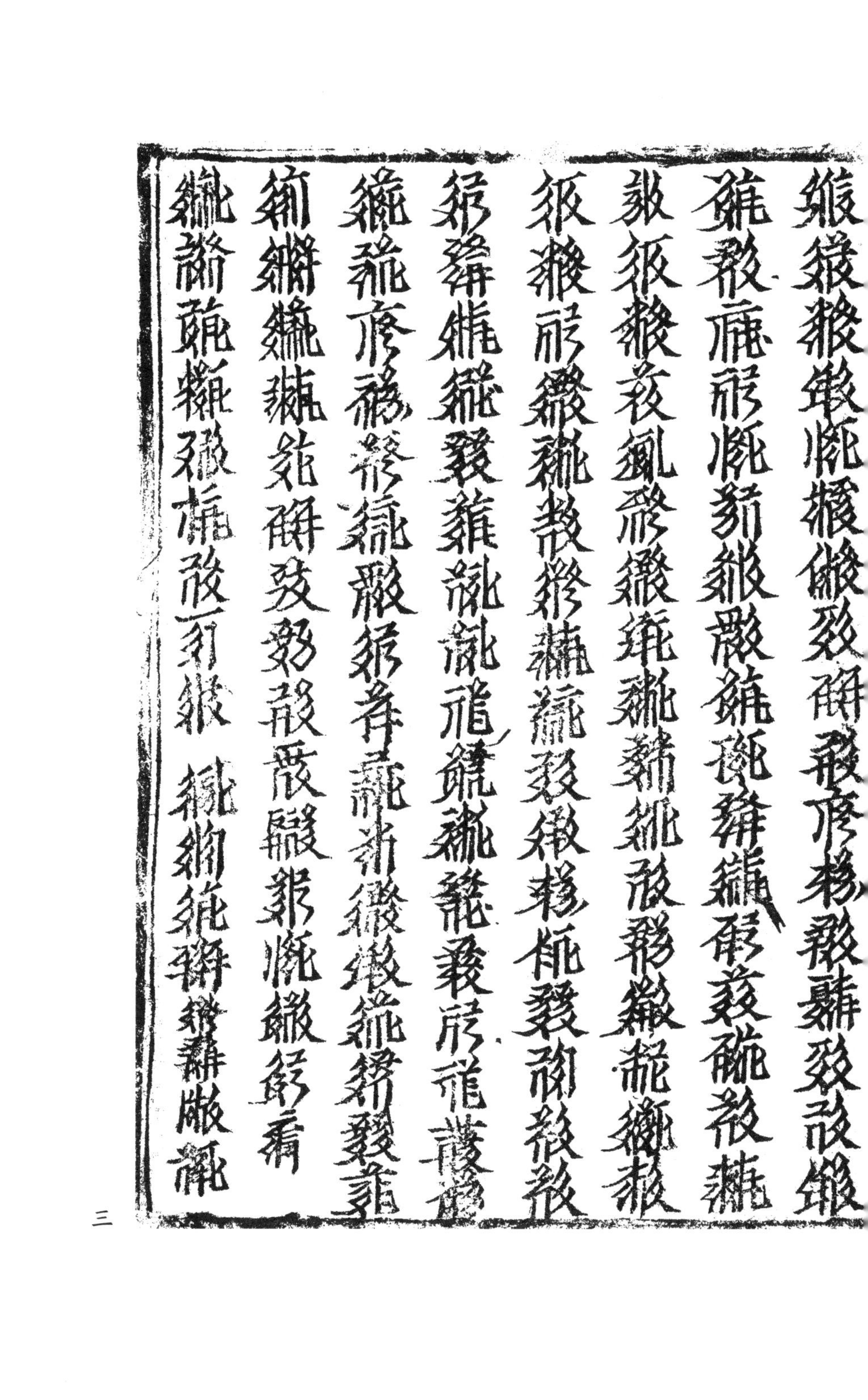

[illegible]

[illegible]

[illegible]

[illegible]

[illegible]

[illegible]

[illegible]

[illegible]

[illegible]

番漢合時掌中珠序

凡君子者為物豈可忘己故未嘗不學為己亦不絶物故未嘗不教學則以智成己欲襲古迹教則以仁利物以救今時兼番漢文字者論末則殊考本則同何則先聖後聖其揆未嘗不一故也然則今時人者番漢語言可以俱備不學番言則豈和番人之衆不會漢語則豈入漢人之數番有

智者漢人不敬漢有賢士番人不崇若此
者由語言不通故也如此則有逆前言故
愚稍學番漢文字曷敢默而弗言不避慚
怍準三才集成番漢語節略一本言音分
辨語句照然言音未切教者能整語句雖
俗學人易會號爲合時掌中珠賢哲覩斯
幸莫哂焉時乾祐庚戌二十一年　月　日
骨勒茂才謹序

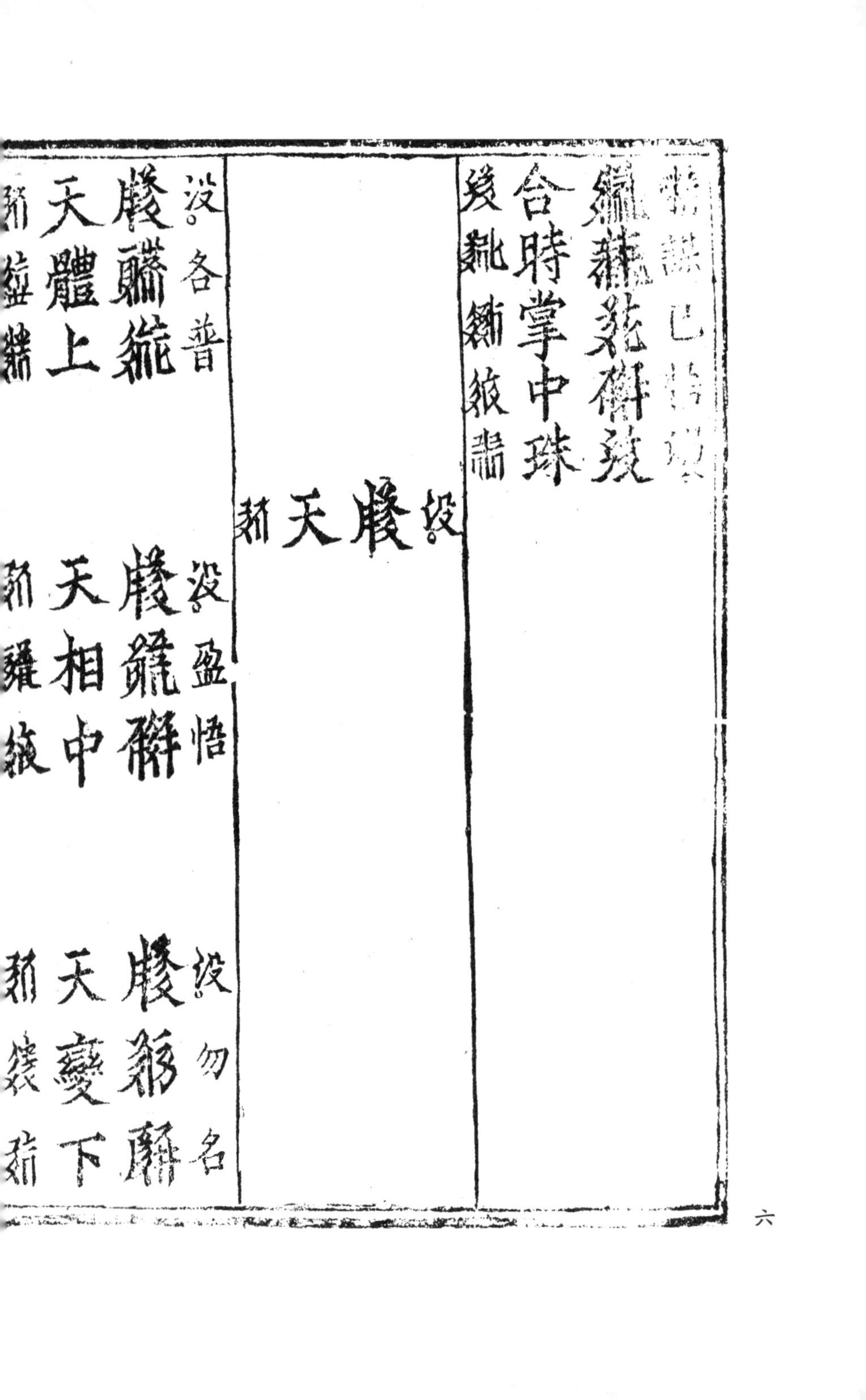

[illegible]

[illegible]

合時掌中珠

[illegible]

没

[illegible]

天

[illegible]

没各普

[illegible]

天體上

[illegible]

没盈悟

[illegible]

天相中

[illegible]

没勿名

[illegible]

天變下

[illegible]

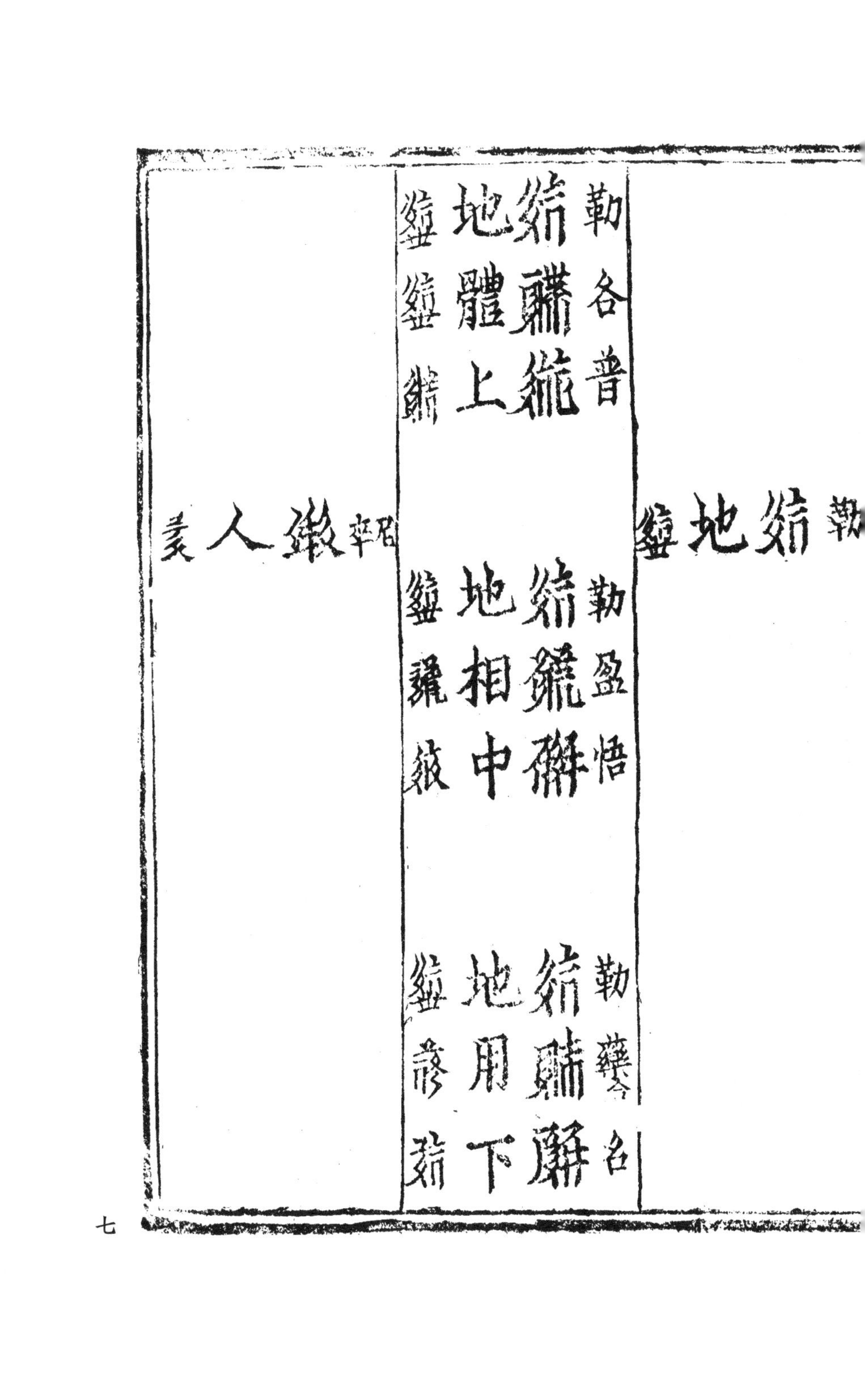

勒[illegible]地[illegible]

勒各普
[illegible][illegible][illegible]
地體上
[illegible][illegible][illegible]

勒盈悟
[illegible][illegible][illegible]
地相中
[illegible][illegible][illegible]

勒[illegible]令名
[illegible][illegible][illegible]
地用下
[illegible][illegible][illegible]

辛召[illegible]人[illegible]

尼卒 各 普
[illegible]
人體上
[illegible]

尼卒 盈 悟
[illegible]
人相中
[illegible]

尼卒 納 名
[illegible]
人事下
[illegible]

俊 爵
[illegible]
天乾
[illegible]

魚骨 設
[illegible]
皇天
[illegible]

斡 設
[illegible]
昊天
[illegible]

寧 設
[illegible]
旻天
[illegible]

普 設
[illegible]
上天
[illegible]

嘚吃 莫宜 奈[illegible]

[illegible] [illegible] [illegible]

九霄 一清 虚空

[illegible] [illegible] [illegible]

墨力 庚様 乙訛 訦乾 吃迎

[illegible] [illegible] [illegible] [illegible] [illegible]

日月 金烏 玉兔 桂枝 星宿

[illegible] [illegible] [illegible] [illegible] [illegible]

為迎 底宿
嘍迎 房宿
則嘍迎 心宿
你迎 尾宿
皮迎 箕宿

慈迎 斗宿
歷乾迎 牛宿
醜迎 女宿
我迎 虛宿
哈迎 危宿

吃迎 室宿
辛尼迎 壁宿
六迎 奎宿
囉迎 婁宿
六迎 胃宿

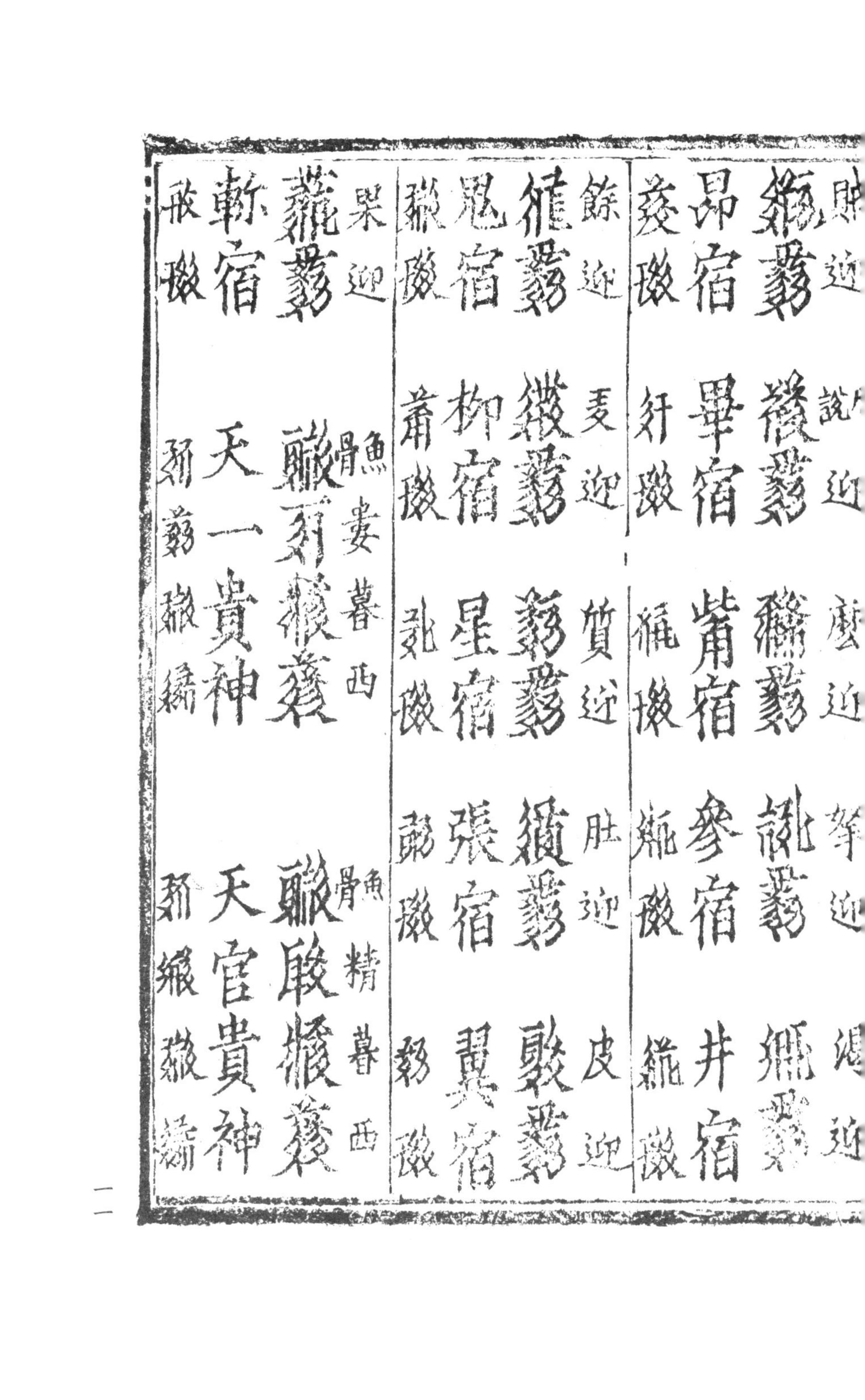

注音	西夏字	漢名	西夏字
賊迎	[illegible]	昴宿	[illegible]
說迎	[illegible]	畢宿	[illegible]
麼迎	[illegible]	觜宿	[illegible]
孥迎	[illegible]	參宿	[illegible]
渴迎	[illegible]	井宿	[illegible]
餘迎	[illegible]	鬼宿	[illegible]
麦迎	[illegible]	柳宿	[illegible]
質迎	[illegible]	星宿	[illegible]
肚迎	[illegible]	張宿	[illegible]
皮迎	[illegible]	翼宿	[illegible]
果迎	[illegible]	軫宿	[illegible]
魚骨妻暮西	[illegible]	天一貴神	[illegible]
魚骨精暮西	[illegible]	天官貴神	[illegible]

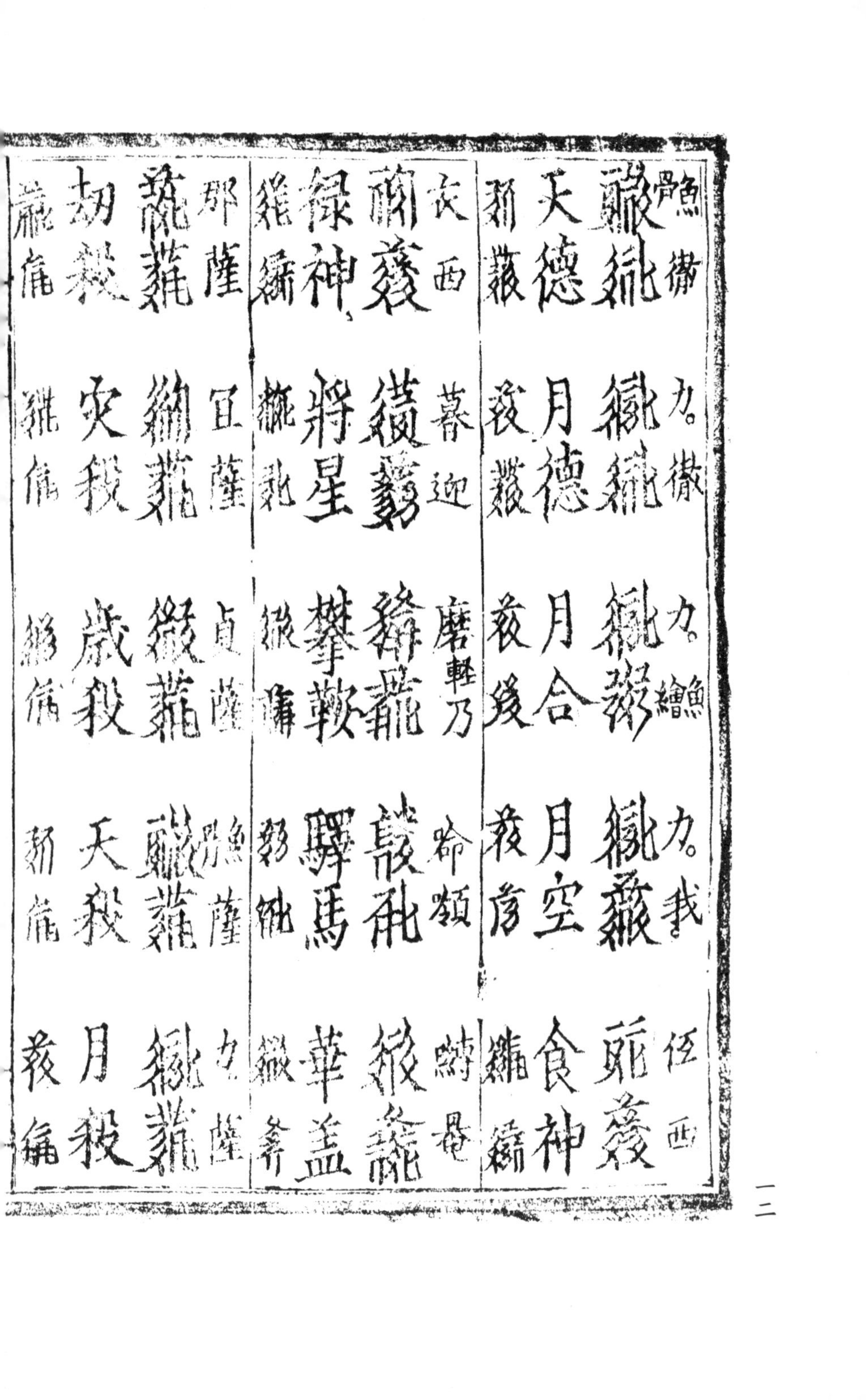

魚骨 儠	[illegible]	天德	[illegible]
力。儠	[illegible]	月德	[illegible]
力。繩	[illegible]	月合	[illegible]
力。我	[illegible]	月空	[illegible]
任 西	[illegible]	食神	[illegible]
衣 西	[illegible]	祿神	[illegible]
暮 迎	[illegible]	將星	[illegible]
磨 輕乃	[illegible]	攀鞍	[illegible]
冷 頦	[illegible]	驛馬	[illegible]
嗟 罨	[illegible]	華盖	[illegible]
那 薩	[illegible]	劫殺	[illegible]
宜 薩	[illegible]	災殺	[illegible]
貞 薩	[illegible]	歲殺	[illegible]
魚那 薩	[illegible]	天殺	[illegible]
力 薩	[illegible]	月殺	[illegible]

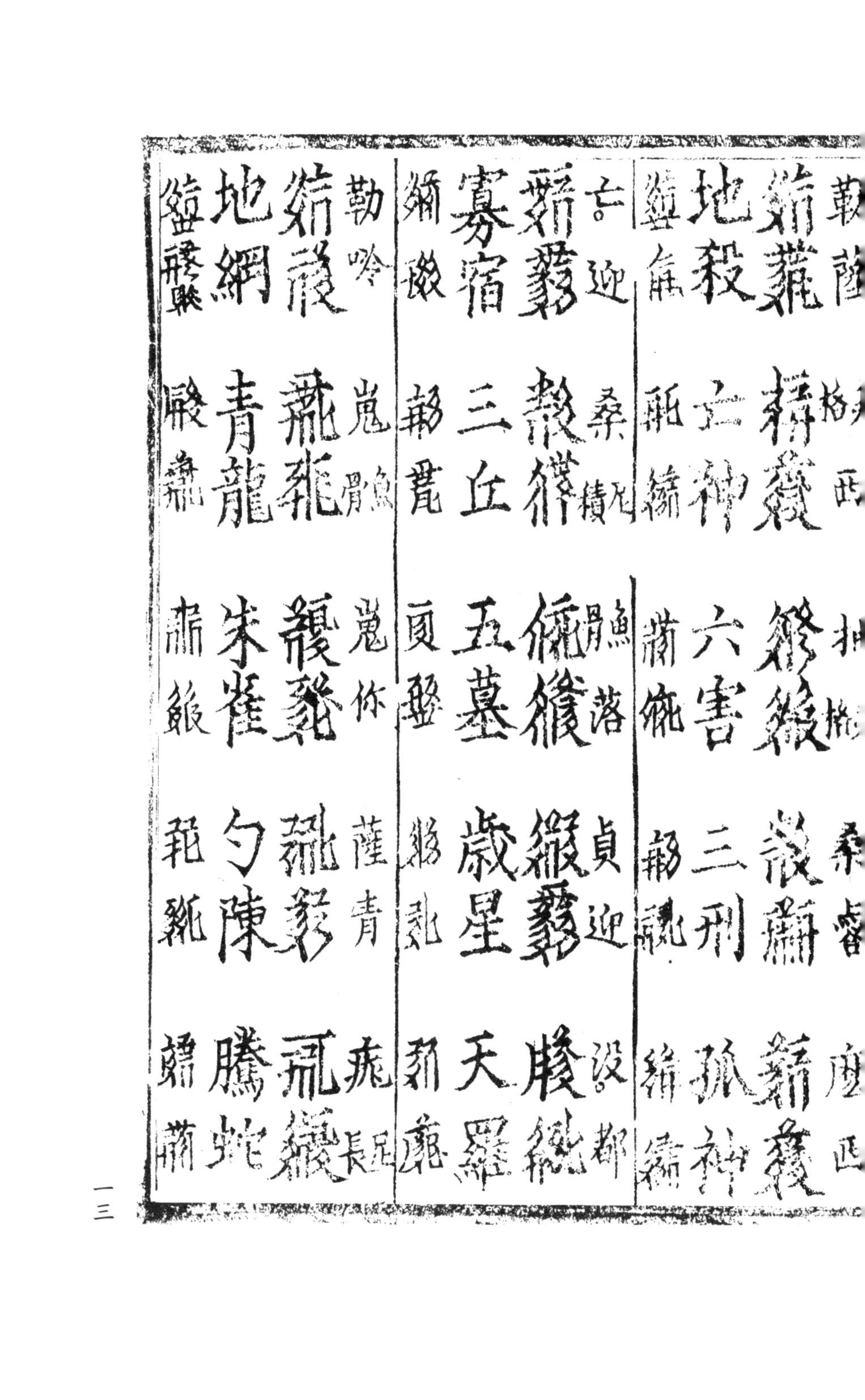

漢字注音	西夏字	漢義	西夏注音
[illegible]	[illegible]	地殺	[illegible]
[illegible]	[illegible]	六神	[illegible]
[illegible]	[illegible]	六害	[illegible]
[illegible]	[illegible]	三刑	[illegible]
[illegible]	[illegible]	孤神	[illegible]
㐰迎	[illegible]	寡宿	[illegible]
桑積	[illegible]	三丘	[illegible]
骨魚落	[illegible]	五墓	[illegible]
貞迎	[illegible]	歲星	[illegible]
没都	[illegible]	天羅	[illegible]
勒吟	[illegible]	地網	[illegible]
嵬骨魚	[illegible]	青龍	[illegible]
嵬你	[illegible]	朱雀	[illegible]
薩青	[illegible]	勾陳	[illegible]
痆長足	[illegible]	螣蛇	[illegible]

勒施 白虎

嵬卷 玄武

寶瓶

入鼓 磨蝎

那鼎 巨蟹

没顋 人馬

魚牢 天蝎

魚骨葛 天秤

浪抽 雙女

葛征 獅子

皆悟 金牛

野施 白羊

乳浪 雙魚

兵迎 角宿

嘴迎 元宿

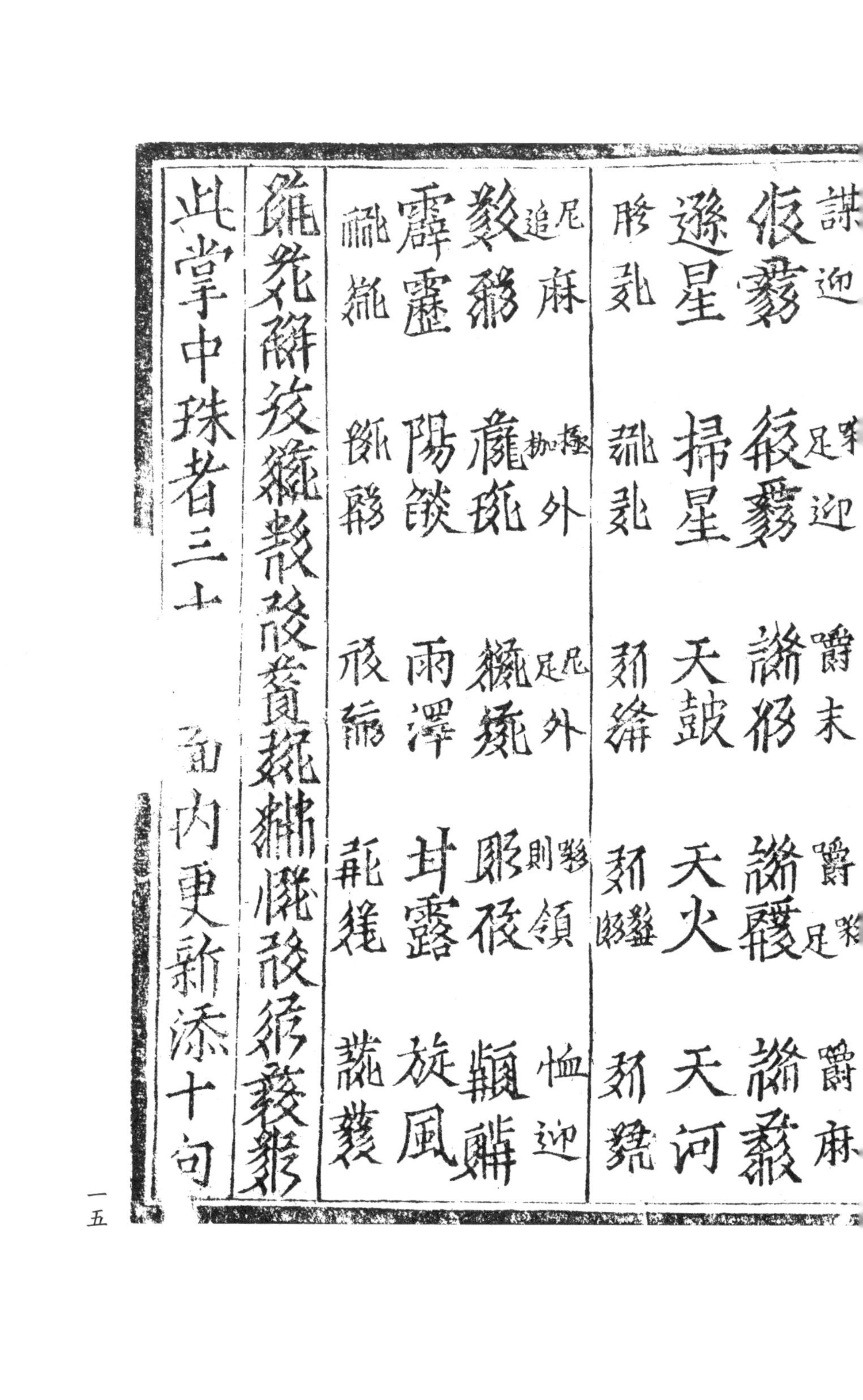

謀迎	[illegible]	遜星	[illegible]
足迎	[illegible]	掃星	[illegible]
嚕末	[illegible]	天鼓	[illegible]
嚕足	[illegible]	天火	[illegible]
嚕麻	[illegible]	天河	[illegible]

尼追麻	[illegible]	霹靂	[illegible]
極枷外	[illegible]	陽焱	[illegible]
尼足外	[illegible]	雨澤	[illegible]
彩則領	[illegible]	封露	[illegible]
恤迎	[illegible]	旋風	[illegible]

[illegible]

此掌中珠者三十　面內更新添十句

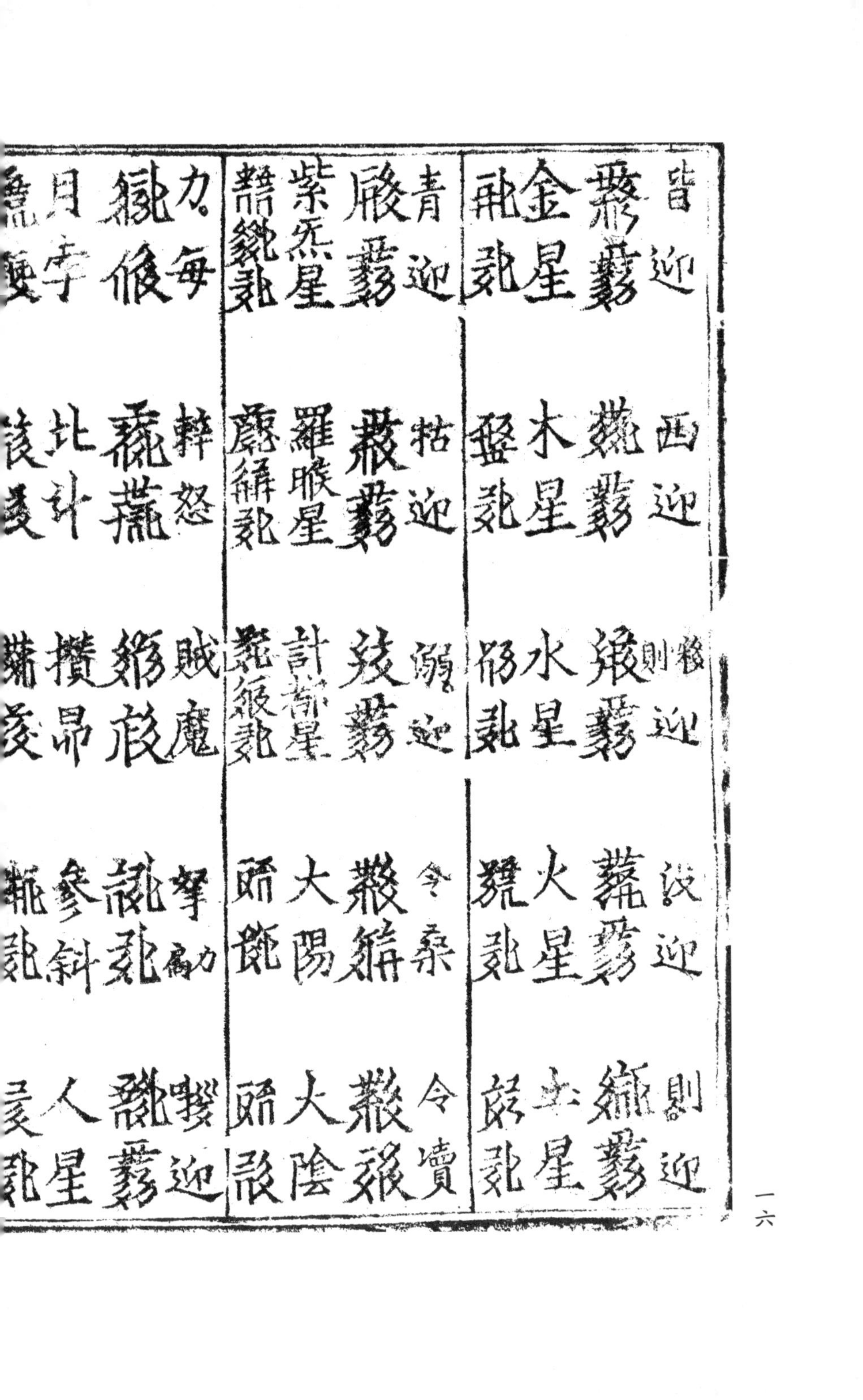

皆迎

金星

西迎

木星

移迎

水星

設迎

火星

則迎

土星

青迎

紫炁星

枯迎

羅睺星

溺迎

計都星

令桑

大陽

令債

大陰

力每

月孛

辨怒

北斗

賊魔

攢昴

拏

參斜

𠹌迎

人星

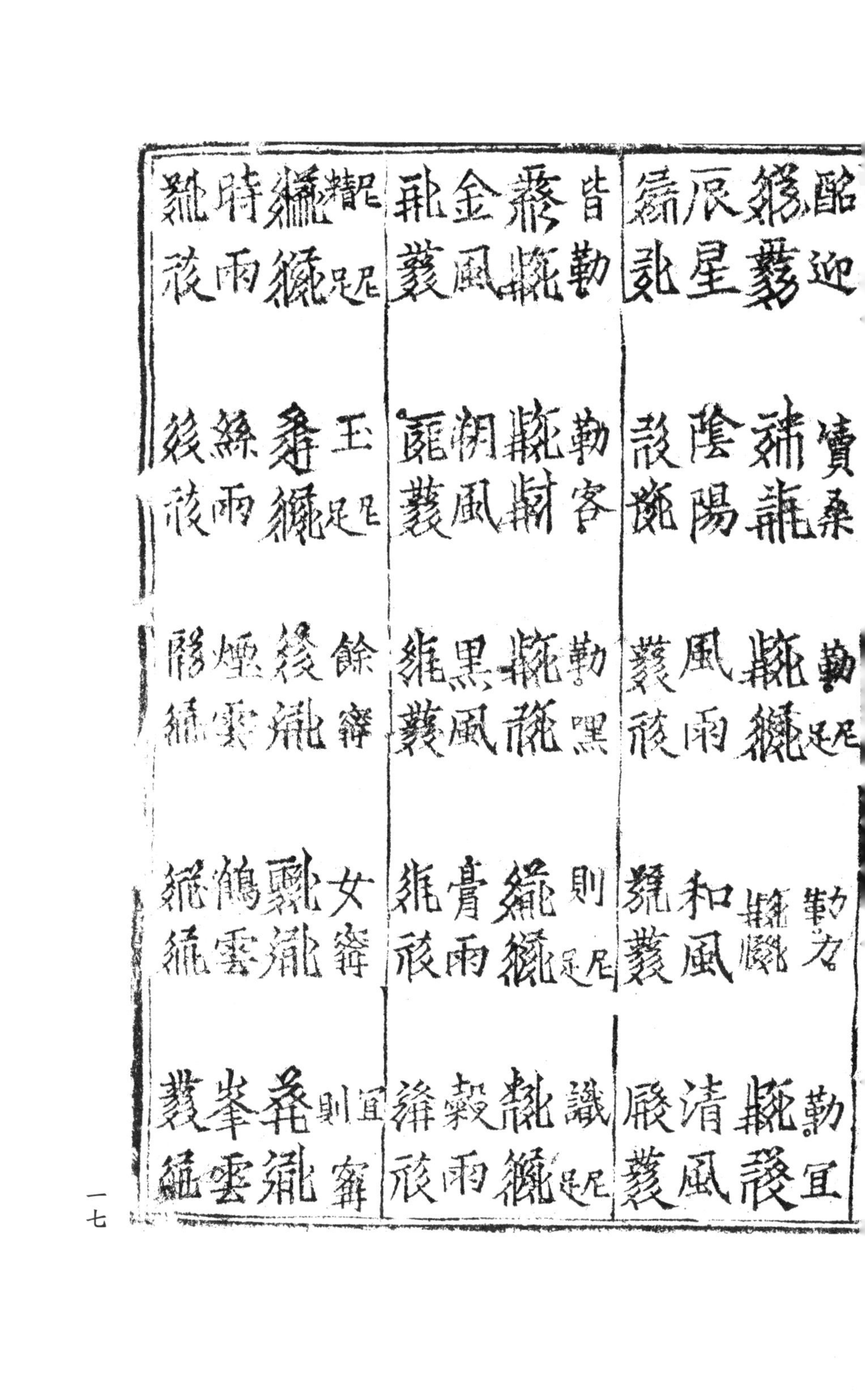

注音	漢義
酩迎	辰星
嘖桑	陰陽
勒 尼足	風雨
勒右	和風
勒宜	清風
皆勒	金風
勒客	朔風
勒黑	黑風
則 尼足	膏雨
識 尼足	穀雨
祀 尼足	時雨
玉 尼足	絲雨
餘寧	煙雲
女寧	鶴雲
宜則 寧	峯雲

頻寧 □□ 羅雲 □□

扎。寧 □□ 同雲 晻彩 □□

婁郞則㗂 □□ 霧露 □□

玉為 □□ 瑞雪 □□

㮘為 □□ 霜雪 □□

勿疕 □□ 白露 □□

涅萘 □□ 雷雹 □□

粹𡨥 □□ 閃電 □□

疾嚌 □□ 虹蜺 □□

設□則㗂 □□ 天河 □□

桑婁 □□ 陽氣 □□

勒路 □□ 四季 □□

耶則 □□ 八節 □□

能合嗔凡 □□ 春夏 □□

撥祖 □□ 秋冬 □□

苛力	[illegible]	年月	[illegible]
要則	[illegible]	日限	[illegible]
能則嵠	[illegible]	白日	[illegible]
那局	[illegible]	夜間	[illegible]
勒。令	[illegible]	卓午	[illegible]

頼昊	[illegible]	晚夕	[illegible]
尼精則	[illegible]	時節	[illegible]
良。宜	[illegible]	福禍	[illegible]
魚骨尼征	[illegible]	五行	[illegible]
乃令	[illegible]	甲乙	[illegible]

迷嵬	[illegible]	丙丁	[illegible]
嵬齊	[illegible]	戊己	[illegible]
來客	[illegible]	庚辛	[illegible]
乃奴	[illegible]	壬癸	[illegible]
携没輕	[illegible]	子丑	[illegible]

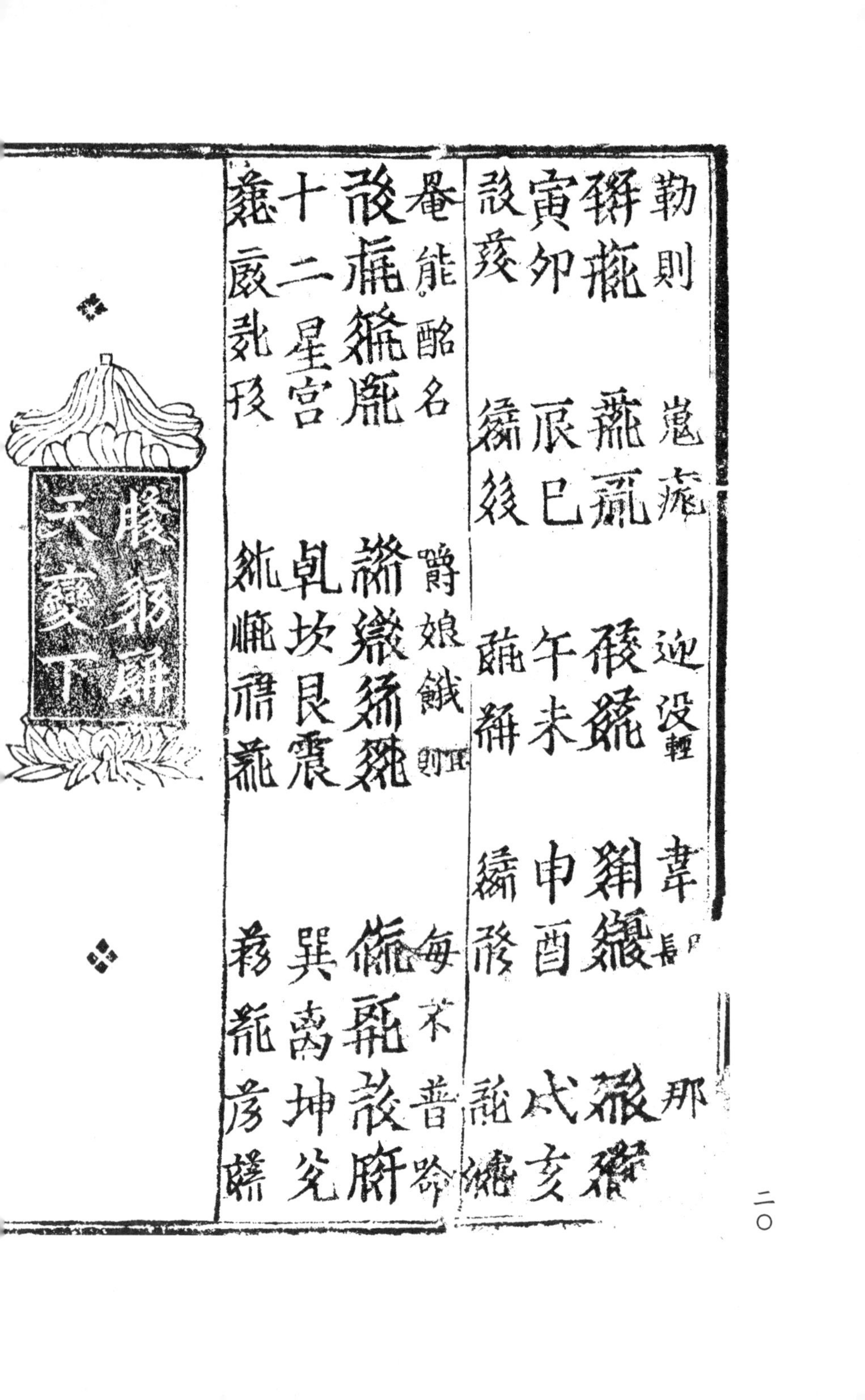

勒則　嵬[illegible]　迎没輕　韋卢　那

[illegible]

寅卯　辰巳　午未　申酉　戌亥

[illegible]

菴能酩名　爵娘餓則正　每不普吟

[illegible]

十二星宫　乾坎艮震　巽离坤兑

[illegible]

[illegible]天變下

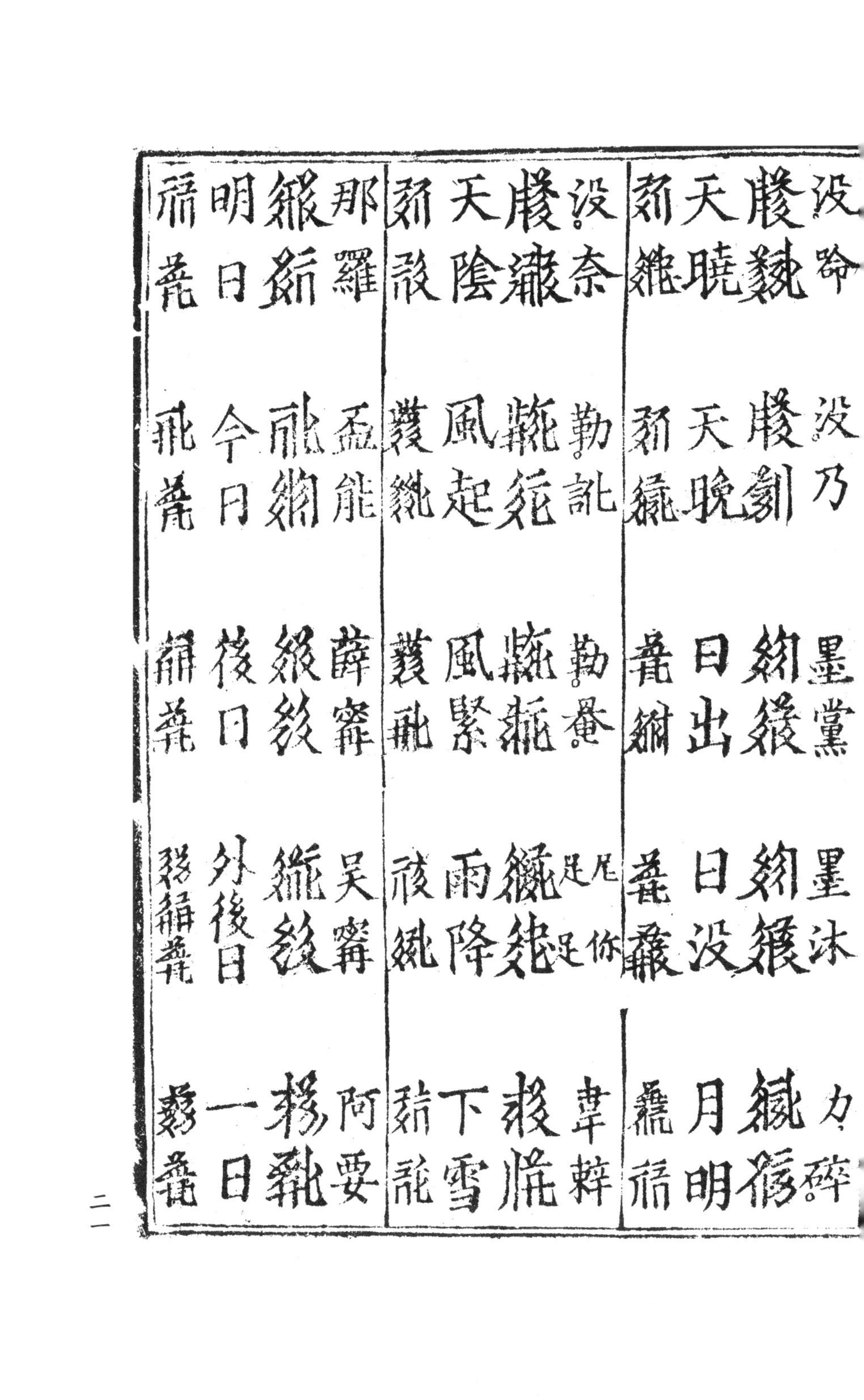

没㖫	天晓
没乃	天晚
墨黨	日出
墨沫	日没
力碎	月明
没奈	天陰
勒訛	風起
勒叠	風緊
尼足你足	雨降
韋辢	下雪
那羅	明日
孟能	今日
薛寧	後日
吴寗	外後日
阿要	一日

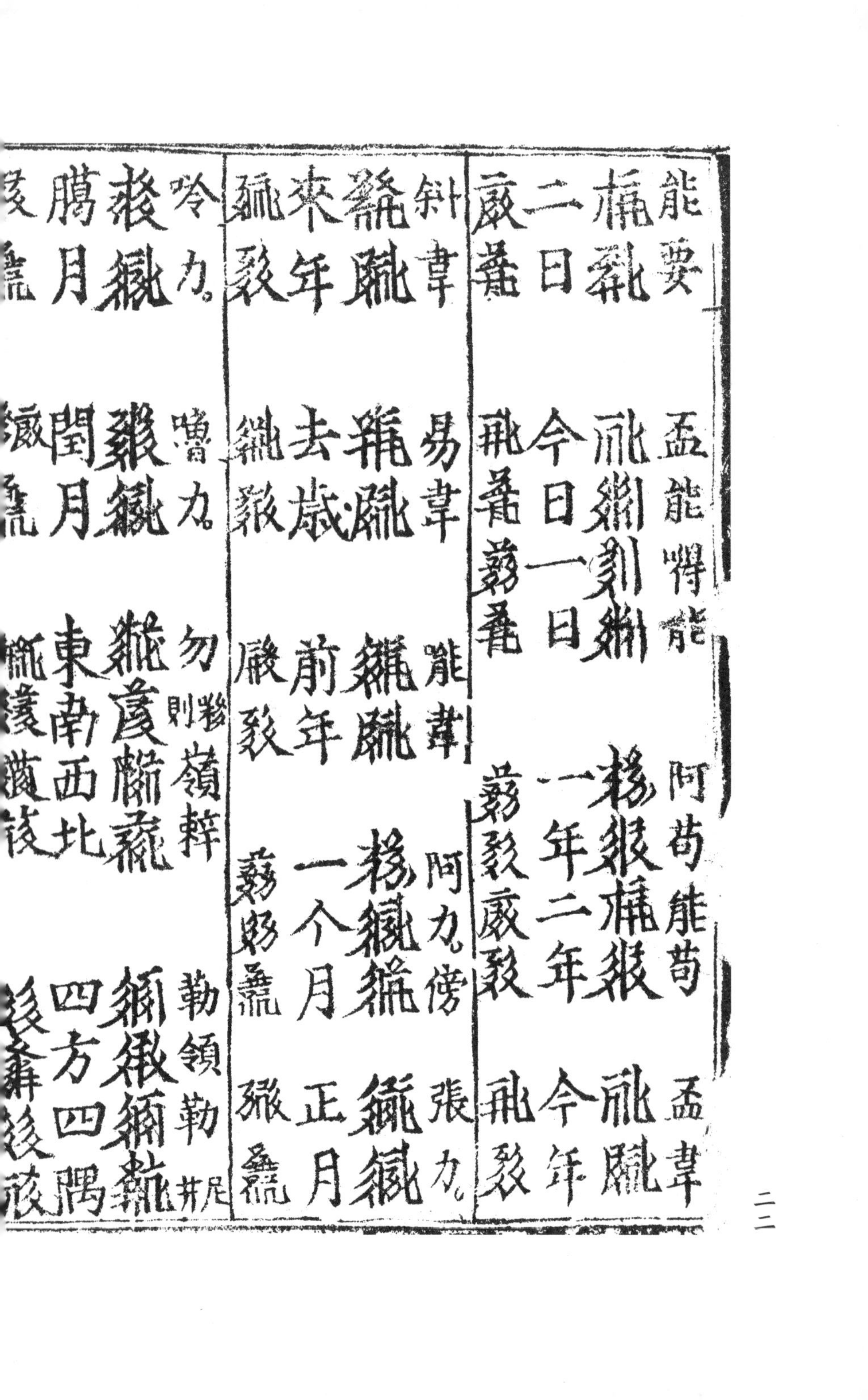

能要	[illegible]	二日	[illegible]
孟能嘚能	[illegible]	今日一日	[illegible]
阿茍能茍	[illegible]	一年二年	[illegible]
孟韋	[illegible]	今年	[illegible]
斜韋	[illegible]	來年	[illegible]
易韋	[illegible]	去歲	[illegible]
能韋	[illegible]	前年	[illegible]
阿力傍	[illegible]	一个月	[illegible]
張力	[illegible]	正月	[illegible]
吟力	[illegible]	臈月	[illegible]
嚕力	[illegible]	閏月	[illegible]
勿則嶺粹	[illegible]	東南西北	[illegible]
勒領勒井尼	[illegible]	四方四隅	[illegible]

箭蘇統
地體上

勒部婁獰令勒疊勒
箭祕豖盎黻箭敍箭
地坤一濁大地十地
龜彥繇𢒉踬龜蕤龜

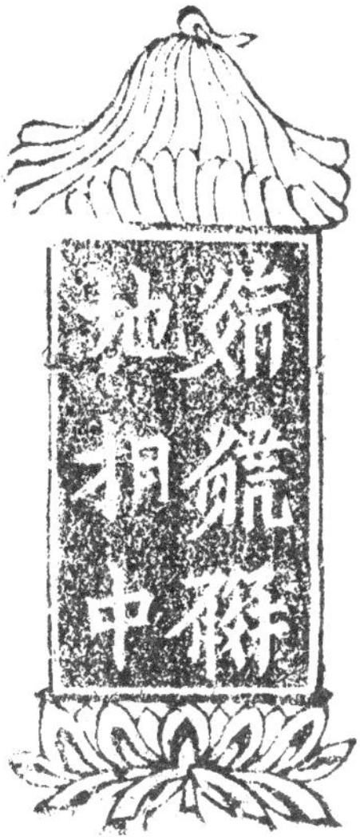

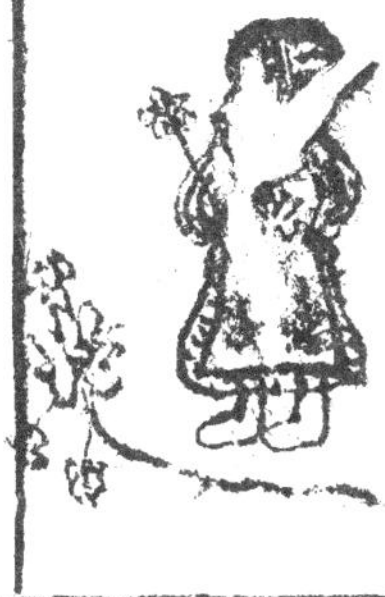

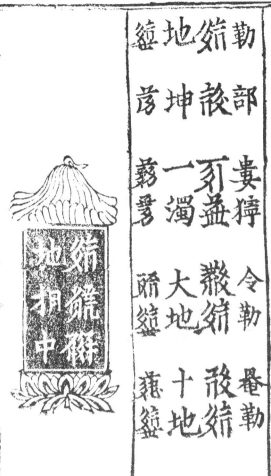

耶宜則　八山

勒餓　四海

羅没　泉原

麻說　江河

王渴　渠井

浪力頃　坡嶺

延姑　嵓谷

藥聆　溝洫

穀則破　水泊

尺則墨　土沙

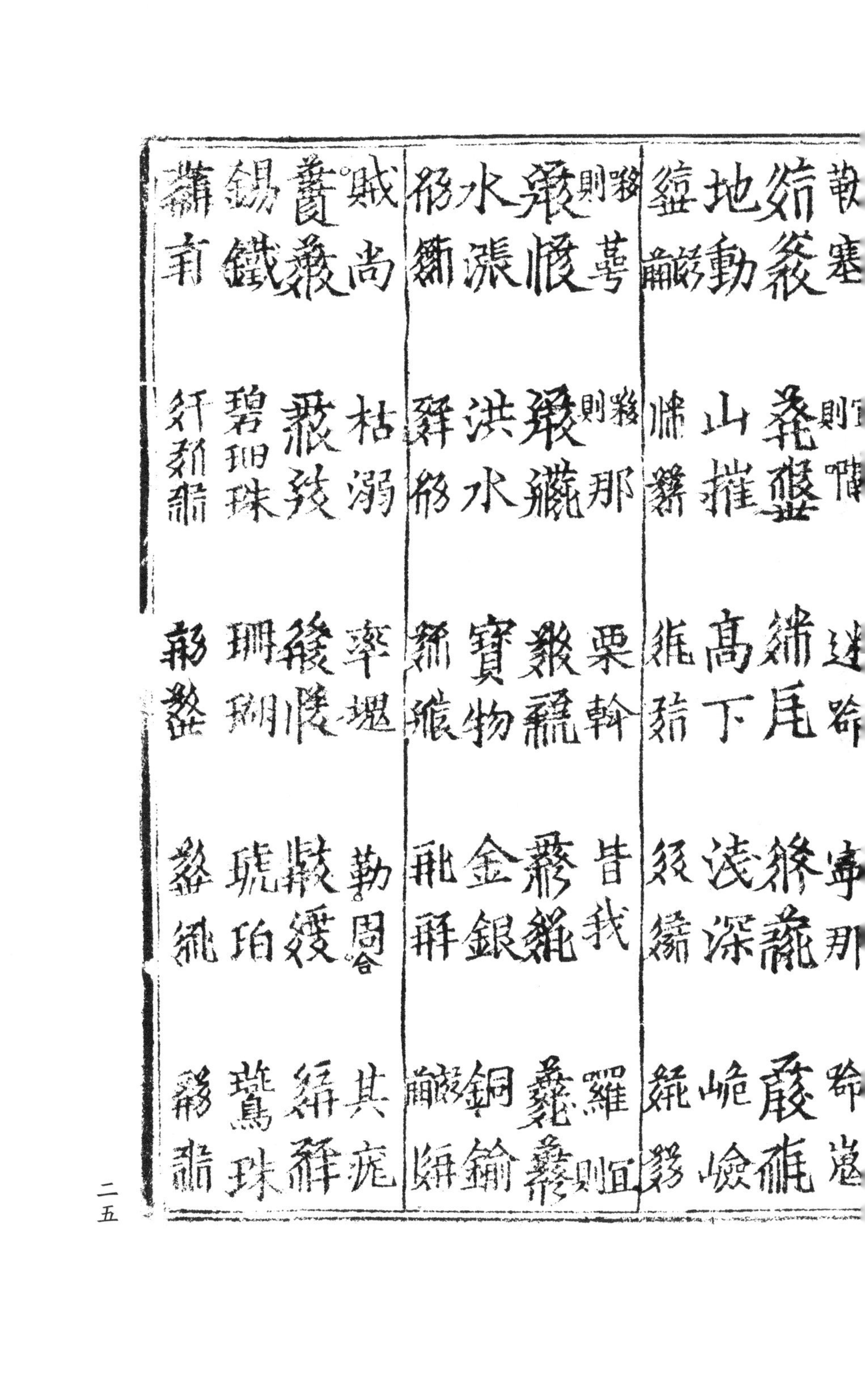

歡塞 [illegible][illegible] 地動 [illegible][illegible]

[illegible]則[illegible] [illegible][illegible] 山摧 [illegible][illegible]

迷浴 [illegible][illegible] 高下 [illegible][illegible]

尋那 [illegible][illegible] 淺深 [illegible][illegible]

嵭嵬 [illegible][illegible] 峗嶮 [illegible][illegible]

[illegible]則萼 [illegible][illegible] 水漲 [illegible][illegible]

[illegible]則那 [illegible][illegible] 洪水 [illegible][illegible]

栗斡 [illegible][illegible] 寶物 [illegible][illegible]

昔我 [illegible][illegible] 金銀 [illegible][illegible]

羅則[illegible] [illegible][illegible] 銅鍮 [illegible][illegible]

賊尚 [illegible][illegible] 錫鐵 [illegible][illegible]

枯溺 [illegible][illegible] 碧珊珠 [illegible][illegible][illegible]

率堀 [illegible][illegible] 珊瑚 [illegible][illegible]

勒囉合 [illegible][illegible] 琥珀 [illegible][illegible]

其庬 [illegible][illegible] 瑪珠 [illegible][illegible]

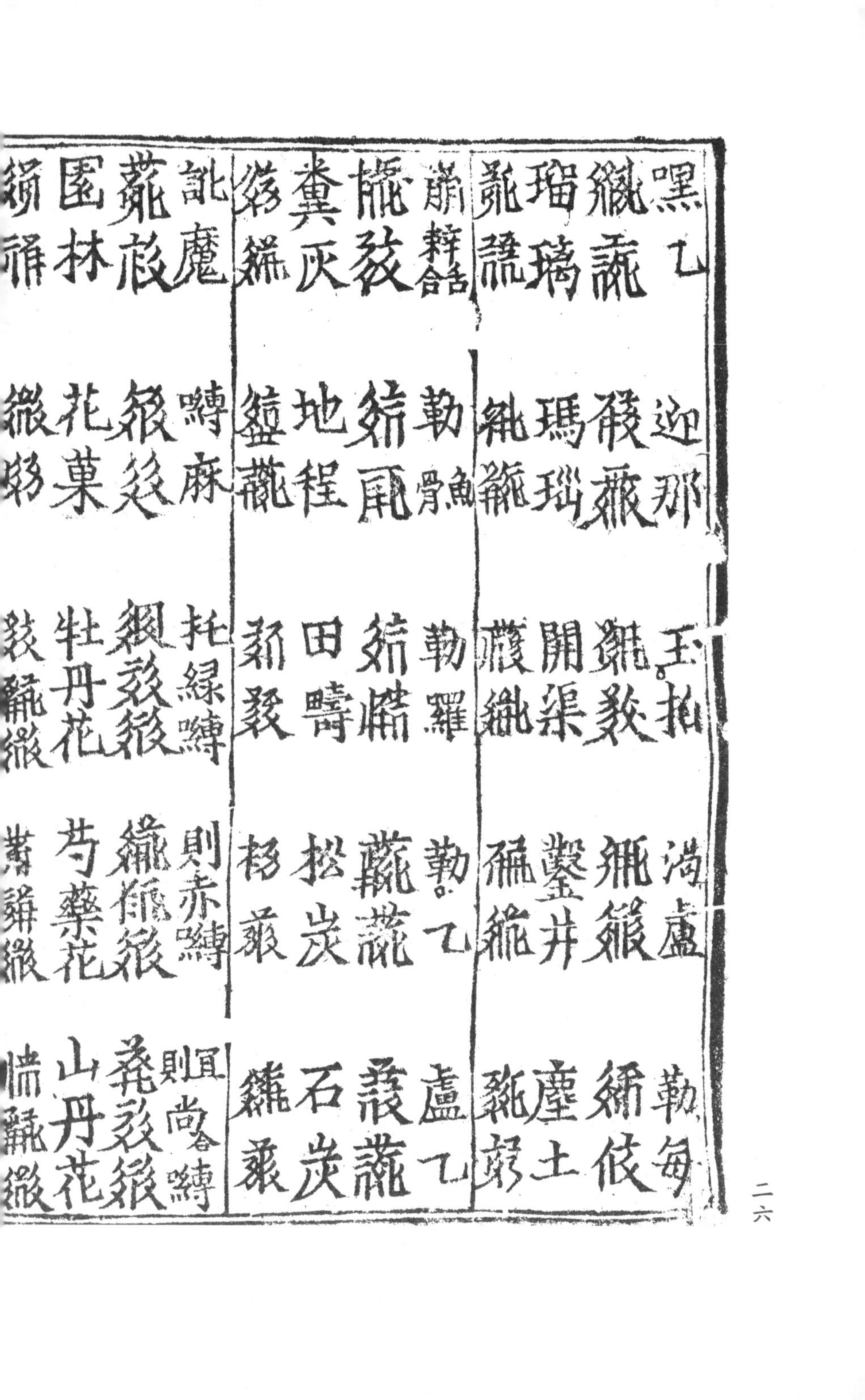

嘿乙	[Tangut]	瑠璃	[Tangut]
迎那	[Tangut]	瑪瑙	[Tangut]
玉拙	[Tangut]	開渠	[Tangut]
渴盧	[Tangut]	鑿井	[Tangut]
勒每	[Tangut]	塵土	[Tangut]
蒲辯舌合	[Tangut]	糞灰	[Tangut]
勒魚骨	[Tangut]	地程	[Tangut]
勒羅	[Tangut]	田疇	[Tangut]
勒乙	[Tangut]	松炭	[Tangut]
盧乙	[Tangut]	石炭	[Tangut]
訛魔	[Tangut]	園林	[Tangut]
嚩麻	[Tangut]	花菓	[Tangut]
托緑嚩	[Tangut]	牡丹花	[Tangut]
則赤嚩	[Tangut]	芍藥花	[Tangut]
則貝尚合嚩	[Tangut]	山丹花	[Tangut]

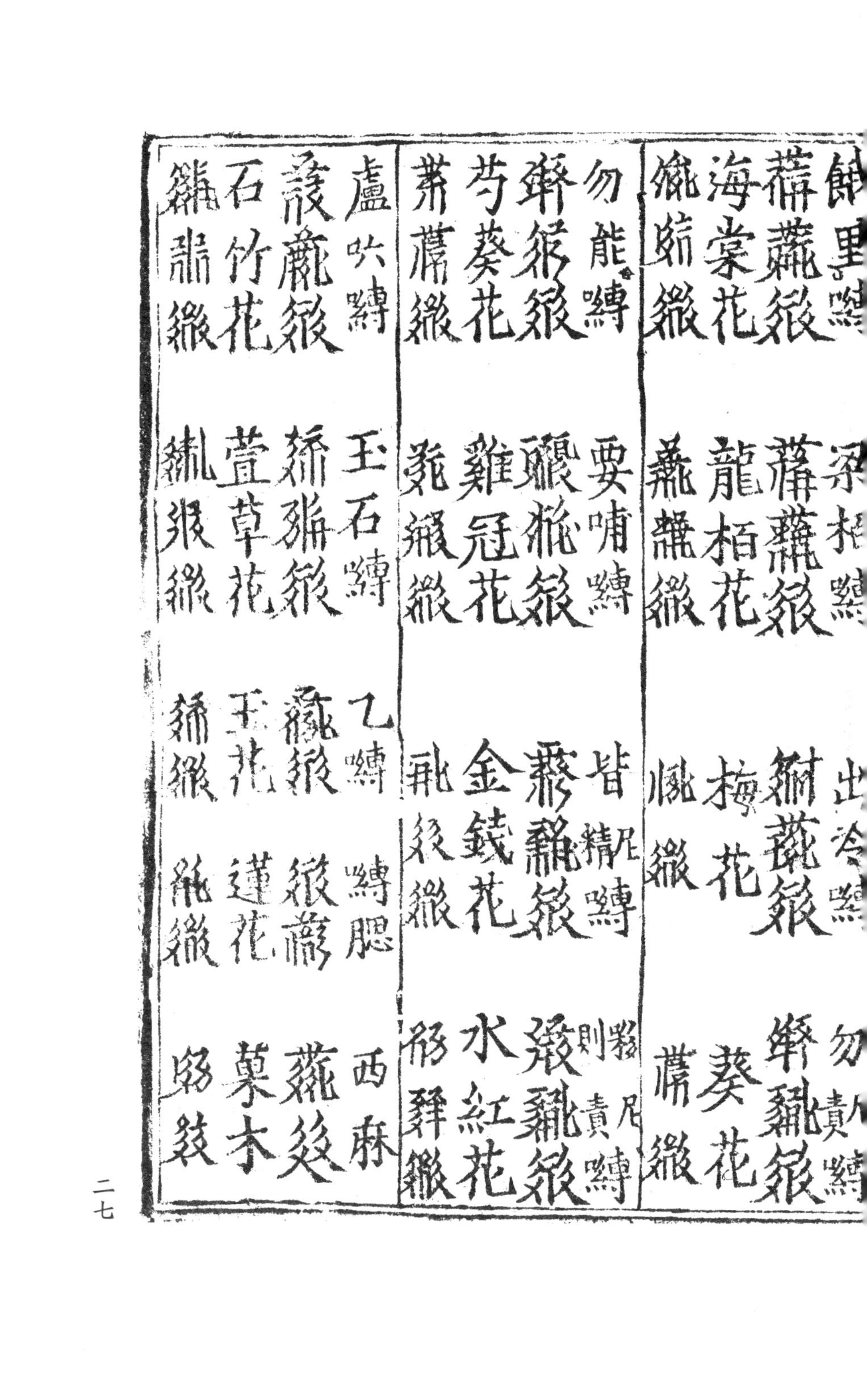

餓里嘿 海棠花
□拖嘿 龍柏花
出冷嘿 梅花
勿責尼嚩 葵花

勿能嚩 芍葵花
要哺嚩 雞冠花
皆精尼嚩 金錢花
影則責尼嚩 水紅花

盧吹嚩 石竹花
玉石嚩 萱草花
乙嚩 玉花
嚩腮 蓮花
西麻 藁本

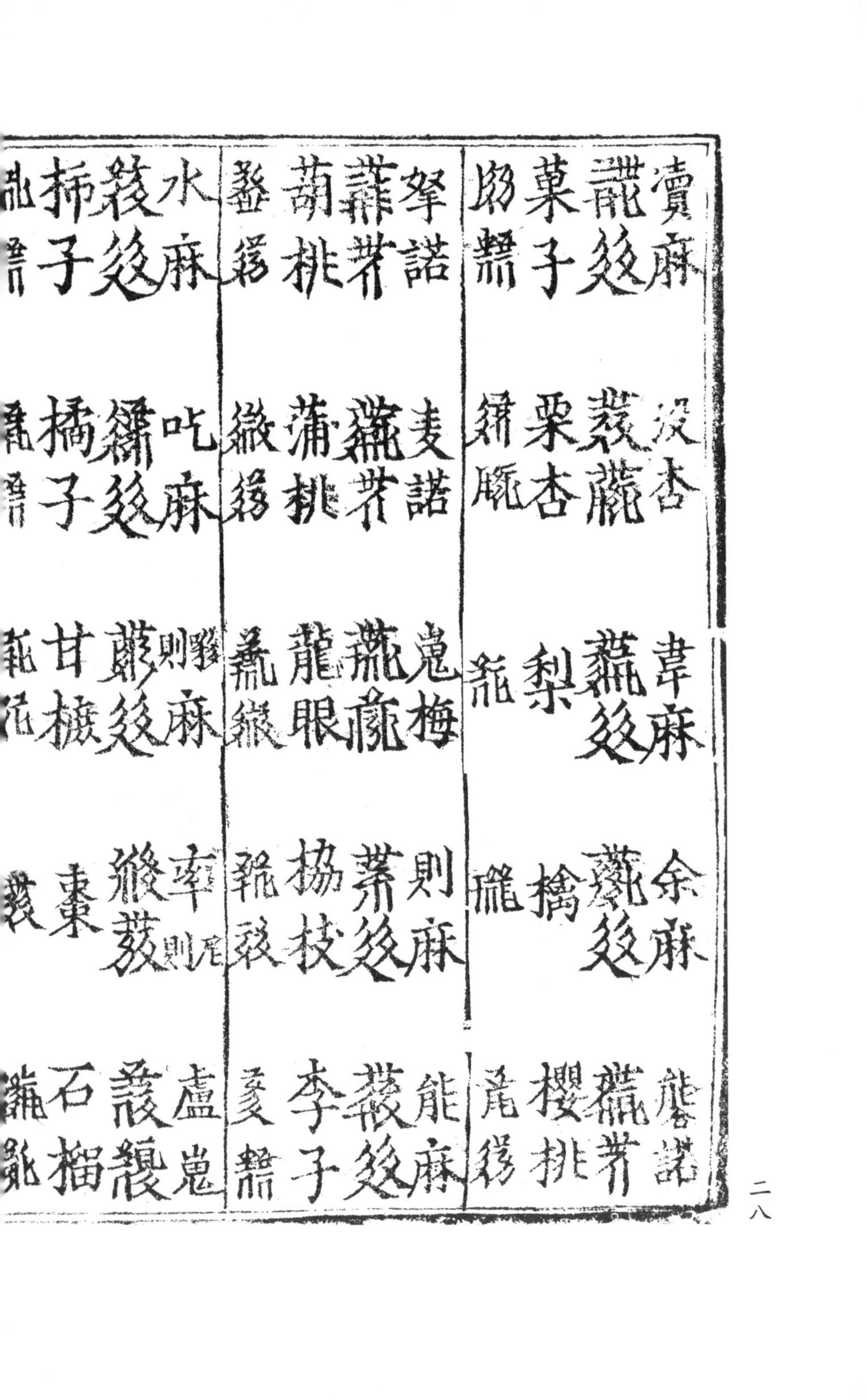

賣麻 菓子

没杏 栗杏

韋麻 梨

余麻 檎

能諾 櫻桃

弩諾 葡桃

麦諾 蒲桃

嵬梅 龍眼

則麻 荔枝

能麻 李子

水麻 柹子

吃麻 橘子

則麻 甘樜

卒則尾 棗

盧嵬 石榴

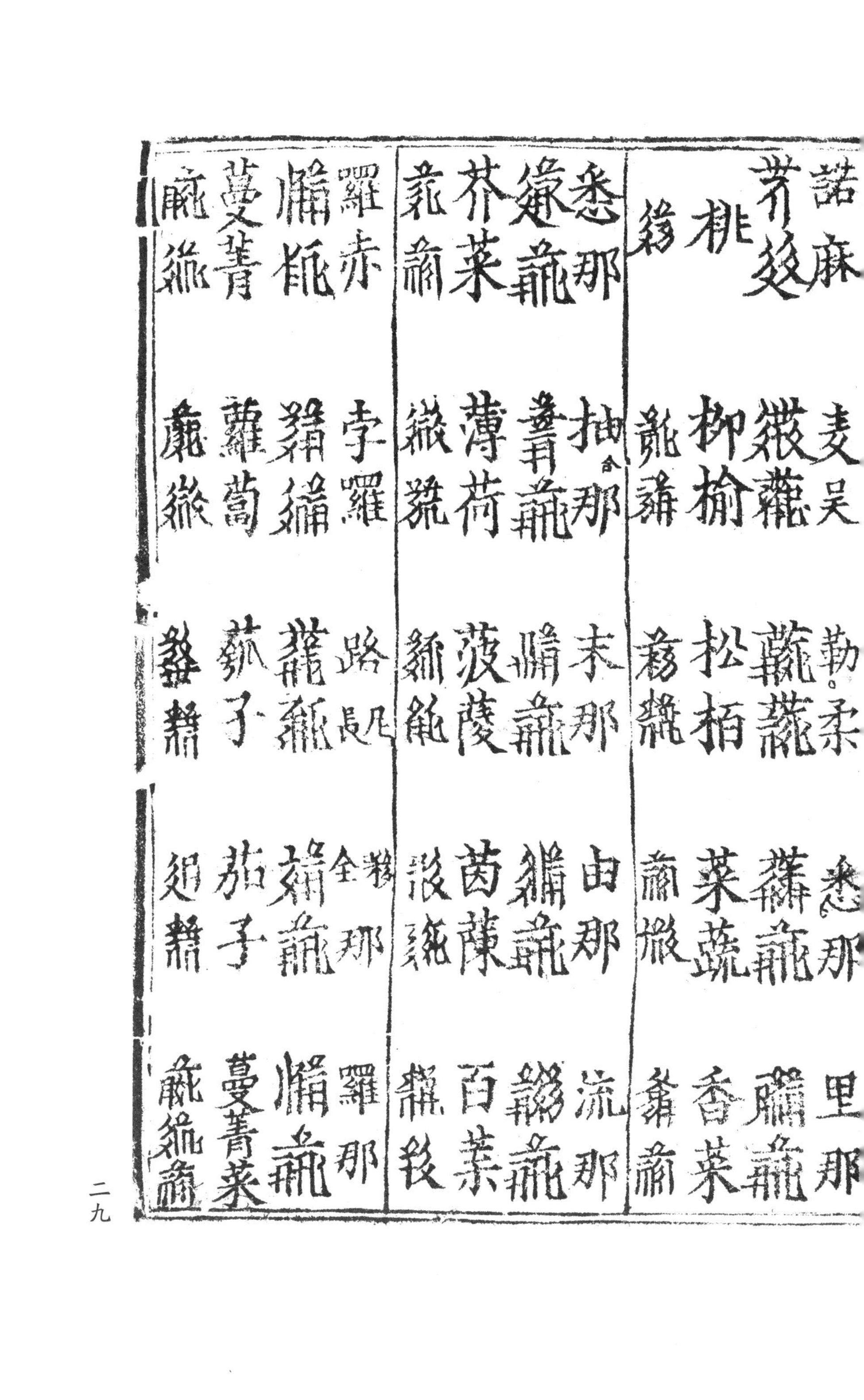

諾麻	芫荾	桃	[西夏字]
麦吴	[西夏字]	柳榆	[西夏字]
勒。柔	[西夏字]	松栢	[西夏字]
悉那	[西夏字]	菜蔬	[西夏字]
里那	[西夏字]	香菜	[西夏字]
悉那	[西夏字]	芥菜	[西夏字]
抽合那	[西夏字]	薄荷	[西夏字]
末那	[西夏字]	菠薐	[西夏字]
由那	[西夏字]	茵蔯	[西夏字]
流那	[西夏字]	百菜	[西夏字]
羅赤	[西夏字]	蔓菁	[西夏字]
孛羅	[西夏字]	蘿蔔	[西夏字]
路 長凡	[西夏字]	瓠子	[西夏字]
移全那	[西夏字]	茄子	[西夏字]
羅那	[西夏字]	蔓菁菜	[西夏字]

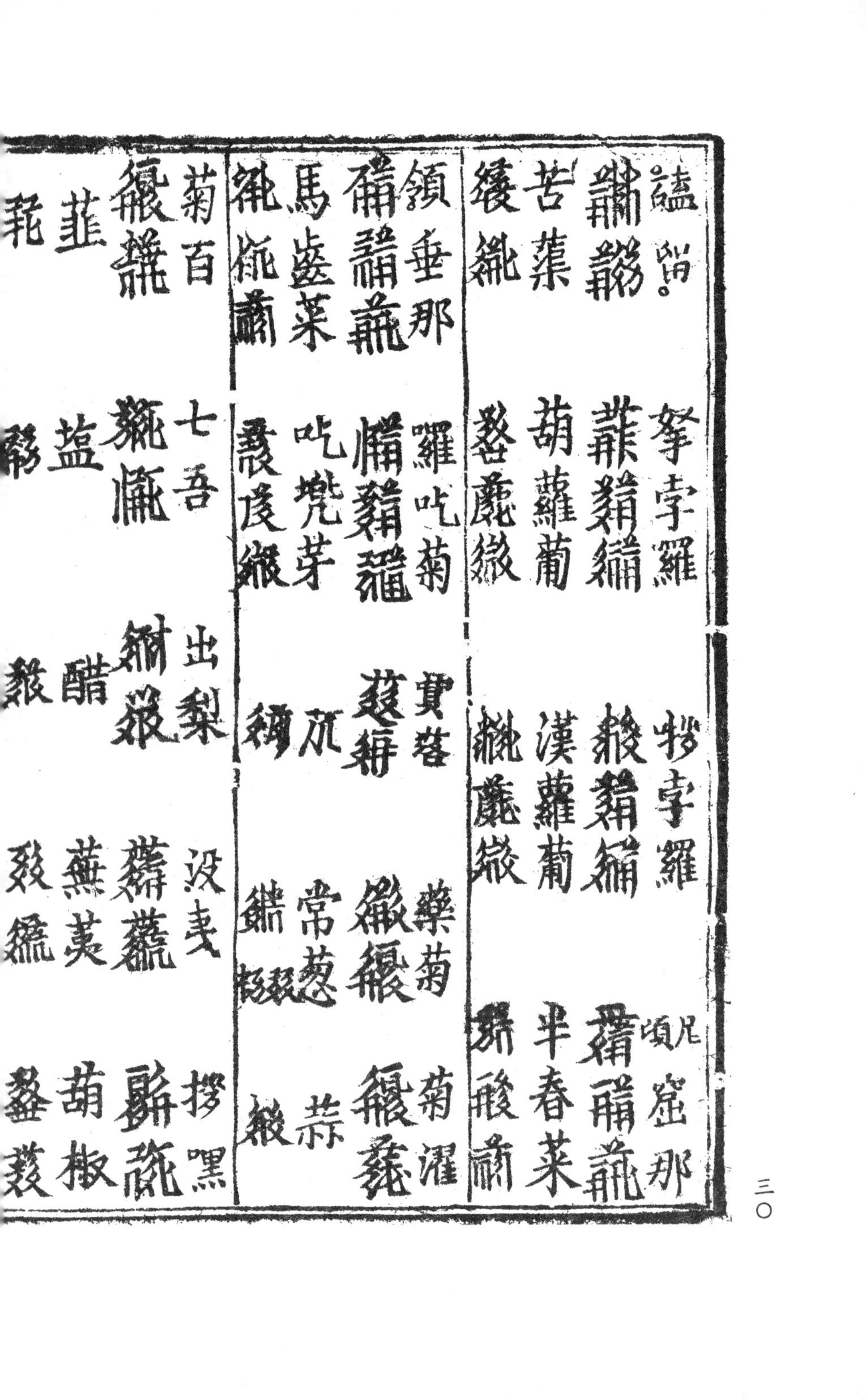

嗑㗄	[illegible]	苦蕖	[illegible]
孥孛羅	[illegible]	葫蘿蔔	[illegible]
㧊孛羅	[illegible]	漢蘿蔔	[illegible]
頃尼 窋那	[illegible]	半春菜	[illegible]
領垂那	[illegible]	馬齒菜	[illegible]
囉吃菊	[illegible]	吃𧶘芽	[illegible]
貫㽵	[illegible]	苽	[illegible]
藥菊	[illegible]	常葱	[illegible]
菊濯	[illegible]	蒜	[illegible]
菊百	[illegible]	韮	[illegible]
七吾	[illegible]	塩	[illegible]
出梨	[illegible]	醋	[illegible]
没㦷	[illegible]	蕪荑	[illegible]
撈嘿	[illegible]	葫椒	[illegible]

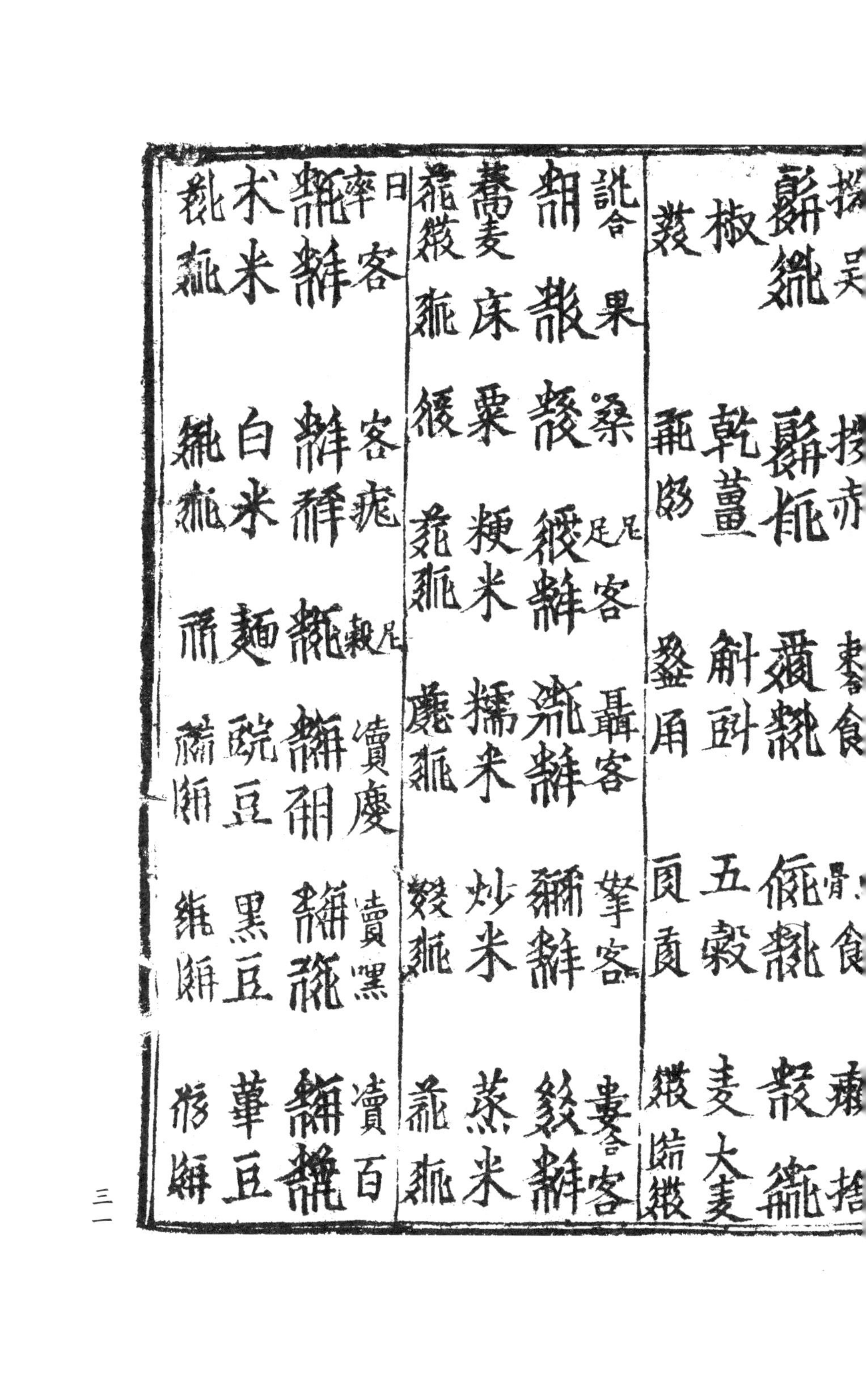

摟吴 [illegible] 椒 [illegible]

摟赤 [illegible] 乾薑 [illegible]

棗食 [illegible] 斛㪷 [illegible]

骨食 [illegible] 五穀 [illegible]

揩 [illegible] 麥 大麥 [illegible]

訛合 果 [illegible] 蕎麥 床 [illegible]

桑 [illegible] 粟 [illegible]

足尼 客 [illegible] 粳米 [illegible]

聶客 [illegible] 糯米 [illegible]

箏客 [illegible] 炒米 [illegible]

妻合 客 [illegible] 蒸米 [illegible]

日率 客 [illegible] 朮米 [illegible]

客 疪 [illegible] 白米 [illegible]

尼穀 [illegible] 麵 [illegible]

憒慶 [illegible] 豌豆 [illegible]

憒黑 [illegible] 黑豆 [illegible]

憒百 [illegible] 華豆 [illegible]

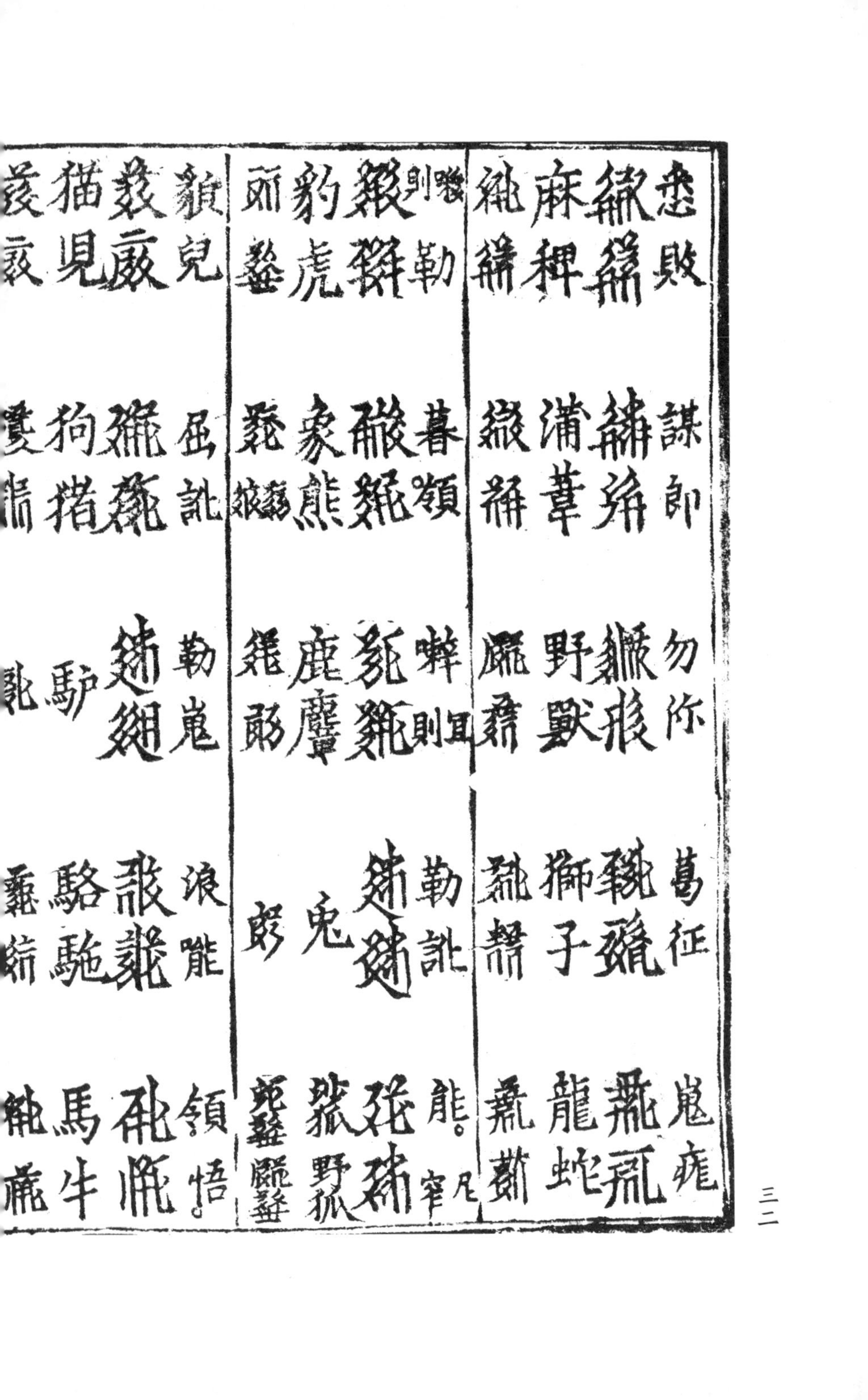

悉敗	[illegible]	麻稗	[illegible]
謀郎	[illegible]	蒲葦	[illegible]
勿你	[illegible]	野獸	[illegible]
葛征	[illegible]	獅子	[illegible]
嵬瘖	[illegible]	龍蛇	[illegible]
嘍則勒	[illegible]	豹虎	[illegible]
暮頦	[illegible]	象熊	[illegible]
嵘則耳	[illegible]	鹿麞	[illegible]
勒訛	[illegible]	兔	[illegible]
能。尼窄	[illegible]	狨野狐	[illegible]
貌兒	[illegible]	猫兒	[illegible]
虽訛	[illegible]	狗猪	[illegible]
勒嵬	[illegible]	驢	[illegible]
浪能	[illegible]	駱駝	[illegible]
領悟	[illegible]	馬牛	[illegible]

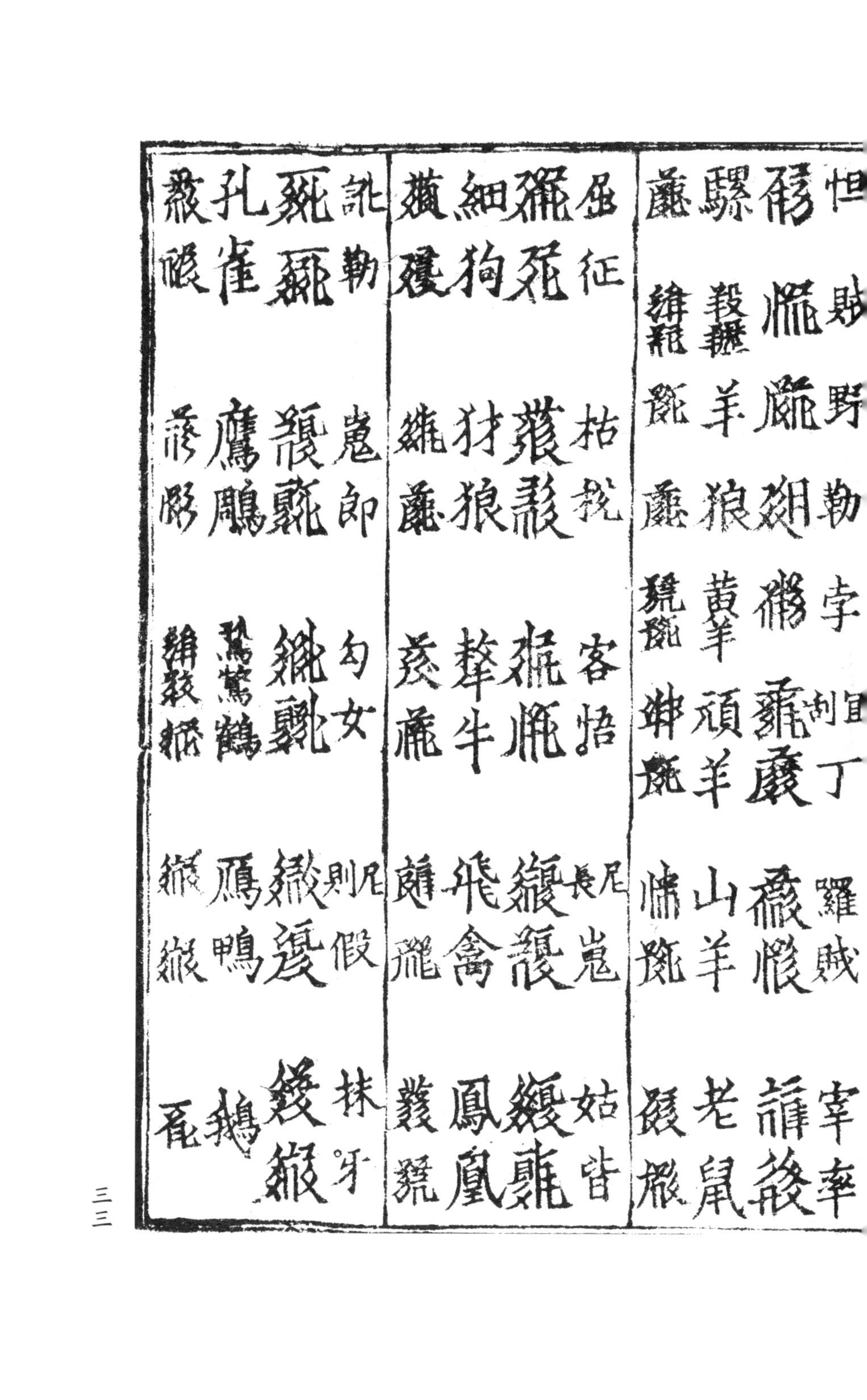

怛賊　野勒　孛　宜丁　羅賊　宰辛
[Tangut]
騾　羖䍽羊　狼　黃羊　頑羊　山羊　老鼠
[Tangut]

屈征　枯栽　客括　尼長嵬　姑皆
[Tangut]
細狗　豺狼　犛牛　飛禽　鳳凰
[Tangut]

訛勒　嵬郎　勾女　尼則假　抹牙
[Tangut]
孔雀　鷹鶻　鶖鷥鶴　鴈鴨　鵝
[Tangut]

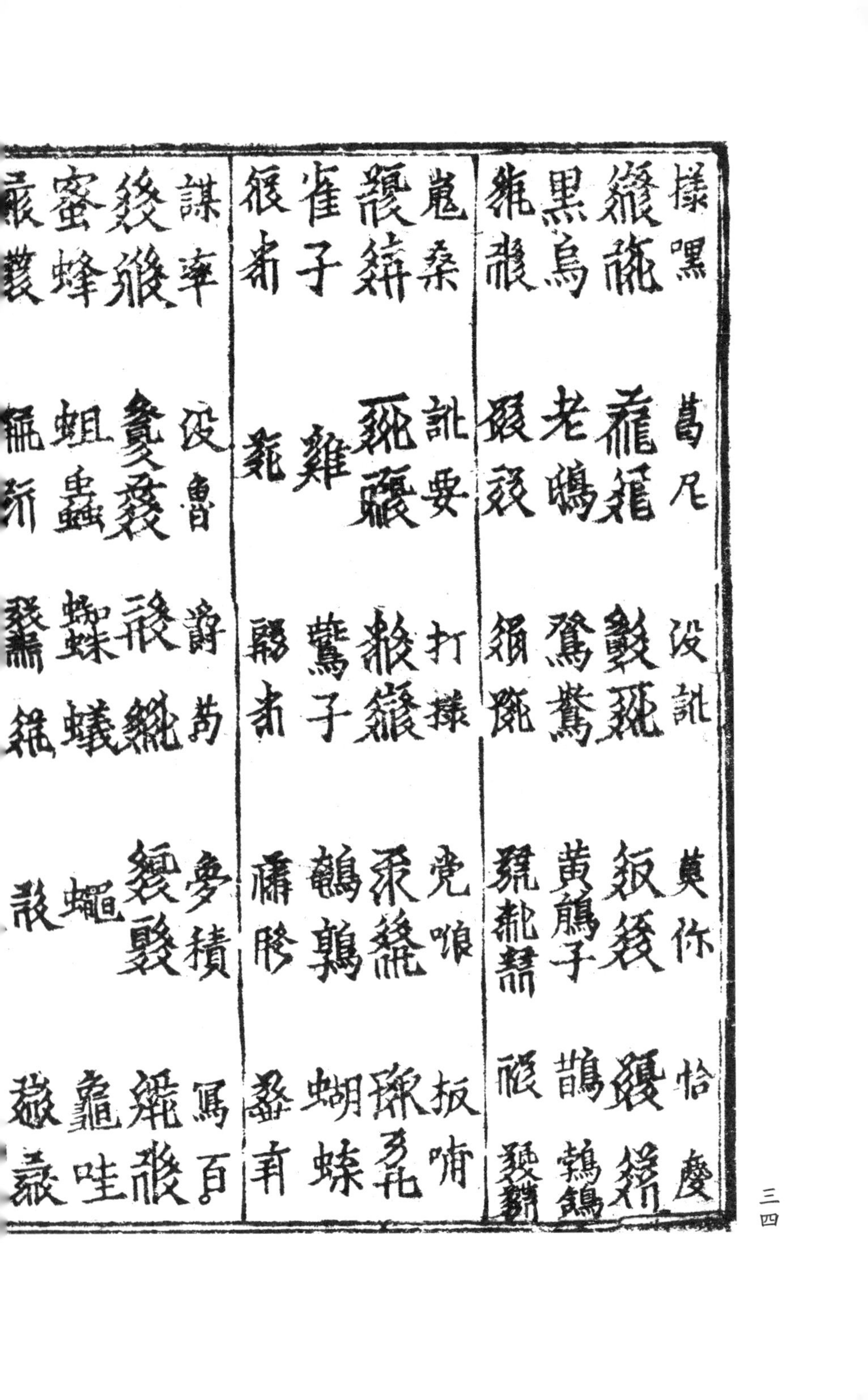

㨂嘿	[illegible]	黑烏	[illegible]
葛尼	[illegible]	老鴟	[illegible]
没訛	[illegible]	鴛鴦	[illegible]
莫你	[illegible]	黄鷴子	[illegible]
恰慶	[illegible]	鵲 鵓鴿	[illegible]
嵬桑	[illegible]	雀子	[illegible]
訛要	[illegible]	雞	[illegible]
打㨂	[illegible]	鷺子	[illegible]
覔哴	[illegible]	鵪鶉	[illegible]
扳喃	[illegible]	蝴蝶	[illegible]
謀卒	[illegible]	蜜蜂	[illegible]
没魯	[illegible]	蛆蟲	[illegible]
爵蔦	[illegible]	蜘蛛 蟻	[illegible]
麼積	[illegible]	蠅	[illegible]
罵百	[illegible]	竈哇	[illegible]

汝吟 垂手

魚

人事上

尼卒 人

多虎皆 真正

聖 聖人 尼卒

每 賢人 尼卒

罵 智人 尼卒

嵬 愚人 尼卒

餓宜 [Tangut][Tangut] 君子 [Tangut][Tangut]

務則兒尕 [Tangut][Tangut] 小人 [Tangut][Tangut]

[Tangut][Tangut][Tangut] 人相中

吳每 [Tangut][Tangut] 頭目 [Tangut][Tangut]

周郍 [Tangut][Tangut] 頂腦 [Tangut][Tangut]

你彗 [Tangut][Tangut] 鼻舌 [Tangut][Tangut]

垂菌 [Tangut][Tangut] 齒牙 [Tangut][Tangut]

烈没 [Tangut][Tangut] 口唇 [Tangut][Tangut]

光寧	□□	咽喉	□□
俗輕	□□	面頷	□□
六長	□□	耳竅	□□
六百	□□	耳塞	□□
吳麻	□□	頭鬚	□□
墨麻	□□	眉毛	□□
昧謗	□□	眼眶	□□
龕罨	□□	項胃	□□
斡蓦	□□	肩背	□□
勿移	□□	脊背	□□
説那	□□	脇肋	□□
寧劄	□□	心命	□□
捞吃	□□	肺膽	□□
勿郎	□□	腎	□□
不息	□□	脾肝	□□

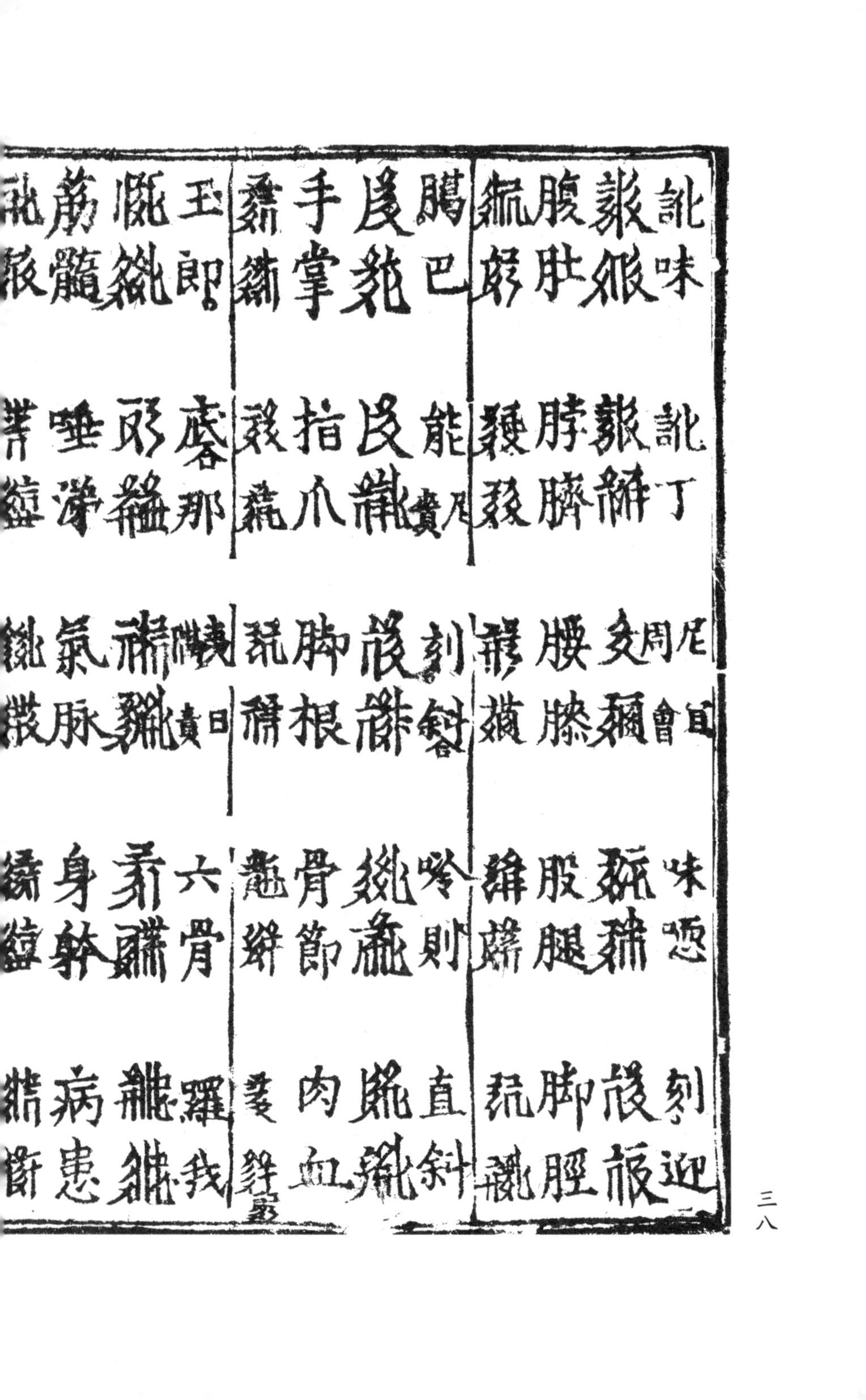

漢字注音	西夏文	漢義	西夏字注音
訛味	[illegible]	腹肚	[illegible]
訛丁	[illegible]	脖臍	[illegible]
尼周耳會	[illegible]	腰膝	[illegible]
味噁	[illegible]	股腿	[illegible]
刻迎	[illegible]	腳脛	[illegible]
臑巴	[illegible]	手掌	[illegible]
能尼貴	[illegible]	指爪	[illegible]
刻斜合	[illegible]	腳根	[illegible]
吟則	[illegible]	骨節	[illegible]
直斜	[illegible]	肉血	[illegible]
玉郎	[illegible]	筋髓	[illegible]
杏麽那	[illegible]	唾涕	[illegible]
[illegible]日責	[illegible]	氣脈	[illegible]
六胃	[illegible]	身軀	[illegible]
羅我	[illegible]	病患	[illegible]

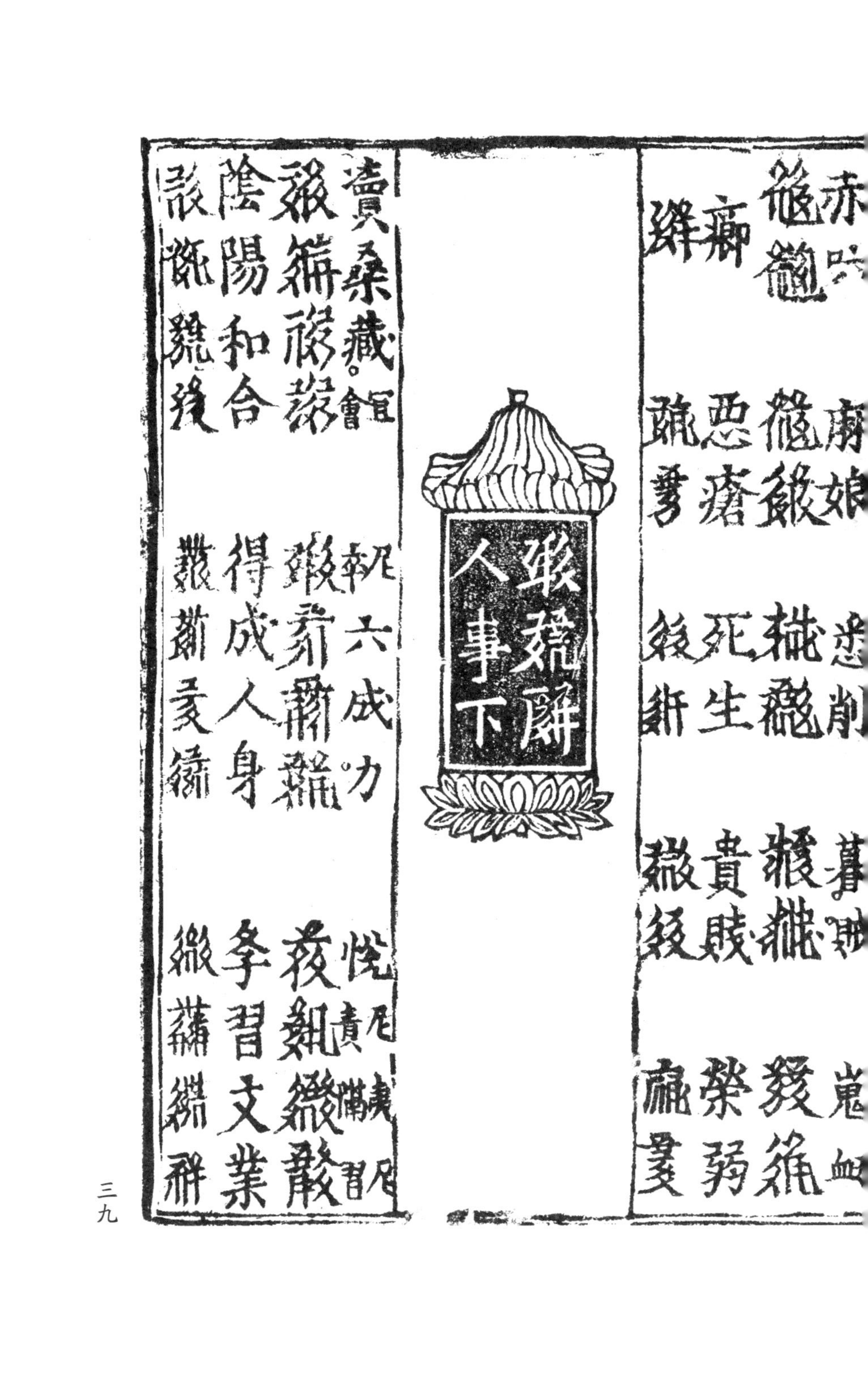

赤 吟
廟 娘
惡瘡
遇 削
死生
暮 那
貴賤
嵬 血
榮弱

人事下

讀桑藏。宣 會
陰陽和合
杞六成力
得成人身
悅 尼責 階夷 習尼
夆習文業

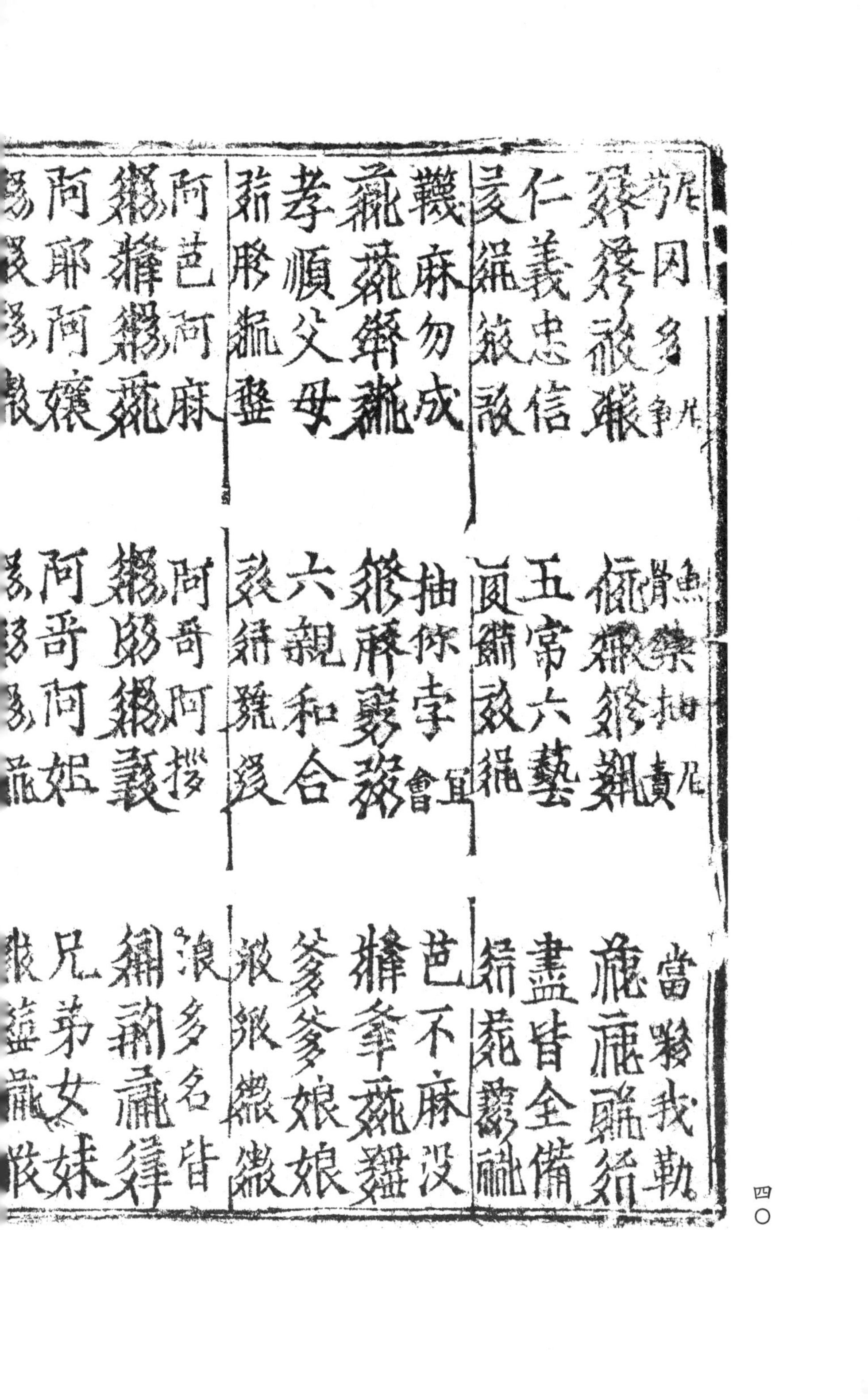

泥因多爭
仁義忠信

纖麻勿成
孝順父母

阿芭阿麻
阿耶阿孃

魚樂抽責
五常六藝

抽你孛宜會
六親和合

阿哥阿撥
阿哥阿姐

當嵬我執
盡皆全備

芭不麻没
爹爹娘娘

浪多名皆
兄弟女妹

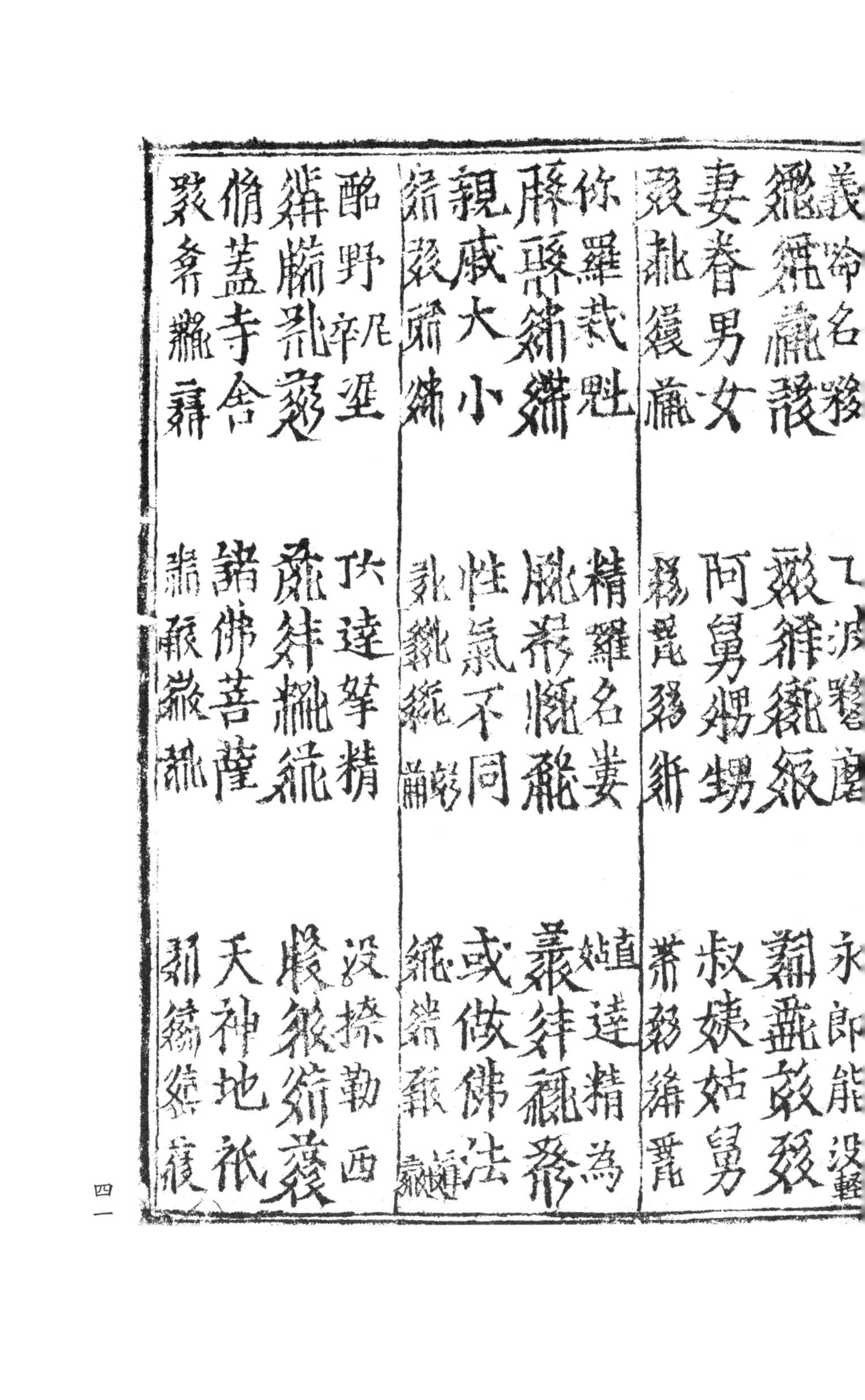

義㖿名𧗾
[illegible]
妻眷男女
[illegible]

乙波訾唐
[illegible]
阿舅甥甥
[illegible]

永郎能没輕
[illegible]
叔姨姑舅
[illegible]

你羅栽𠯋
[illegible]
親戚大小
[illegible]

精羅名婁
[illegible]
性氣不同
[illegible]

嬉直達精為
[illegible]
或做佛法
[illegible]

酩野尼卒埿
[illegible]
僧蓋寺舍
[illegible]

叺達箏精
[illegible]
諸佛菩薩
[illegible]

没撩勒西
[illegible]
天神地祇
[illegible]

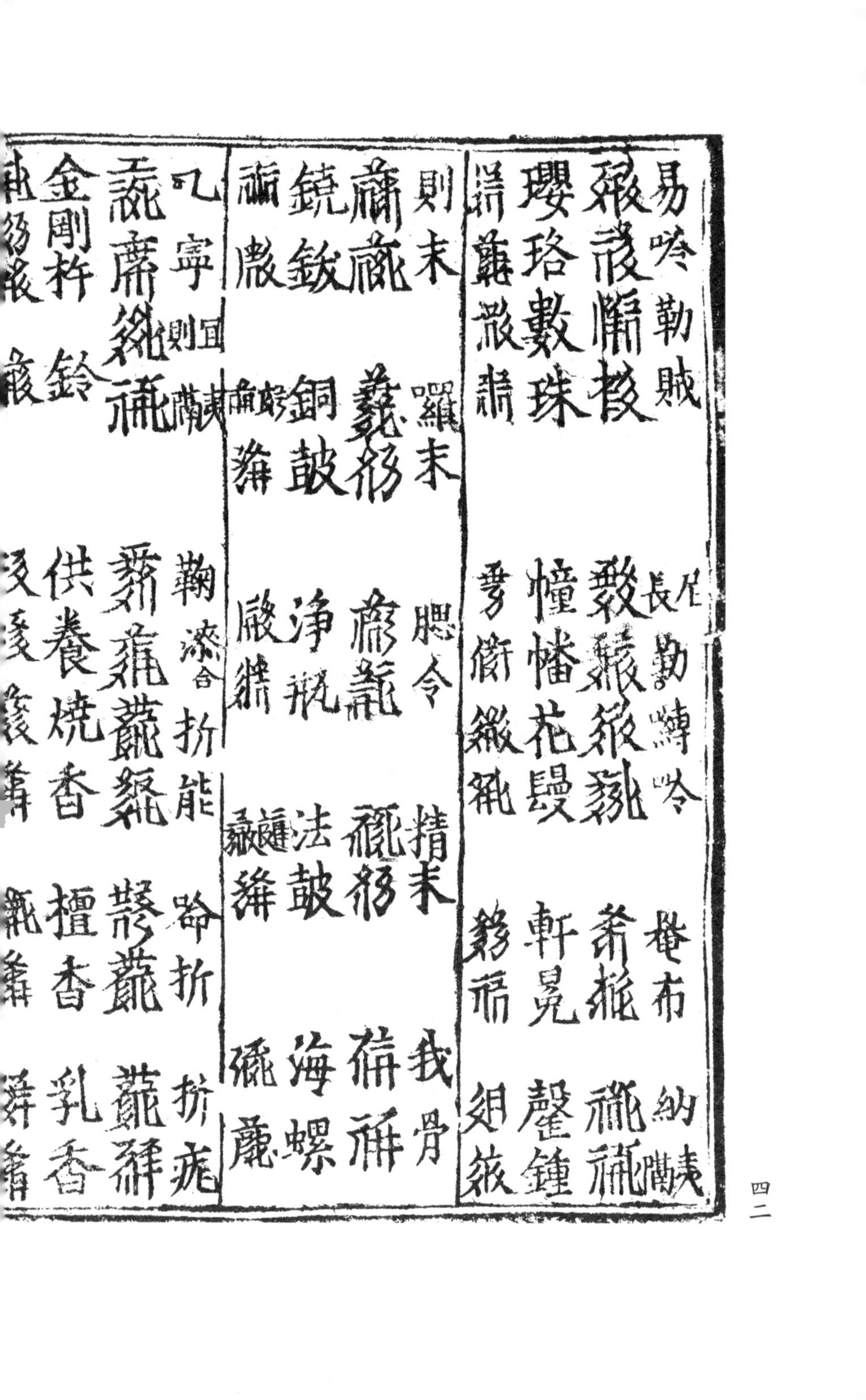

易吟勒賊　瓔珞數珠

尼長勒勒嚩吟令　幢幡花鬘

倦布　軒冕

納尚夷　磬鐘

則末　鐃鈸

囉末　銅鼓

腮令　淨瓶

精末　法鼓

我骨　海螺

乙寧則宜尚夷　金剛杵鈴

鞠涂合折能　供養燒香

岭折　檀香

折痆　乳香

折黑 安息香
雞折 草香
逕离 沉香
末□折 塗香
每折 末香

為魚各七 入定誦呪
吟令尼工菊泥浪 行道求脩
直姑没勤為 或做活業

名疊餘慶 畜養家宅
田嵬尼卒逕 脩造舍屋
奴領董野五 樓閣帳庫

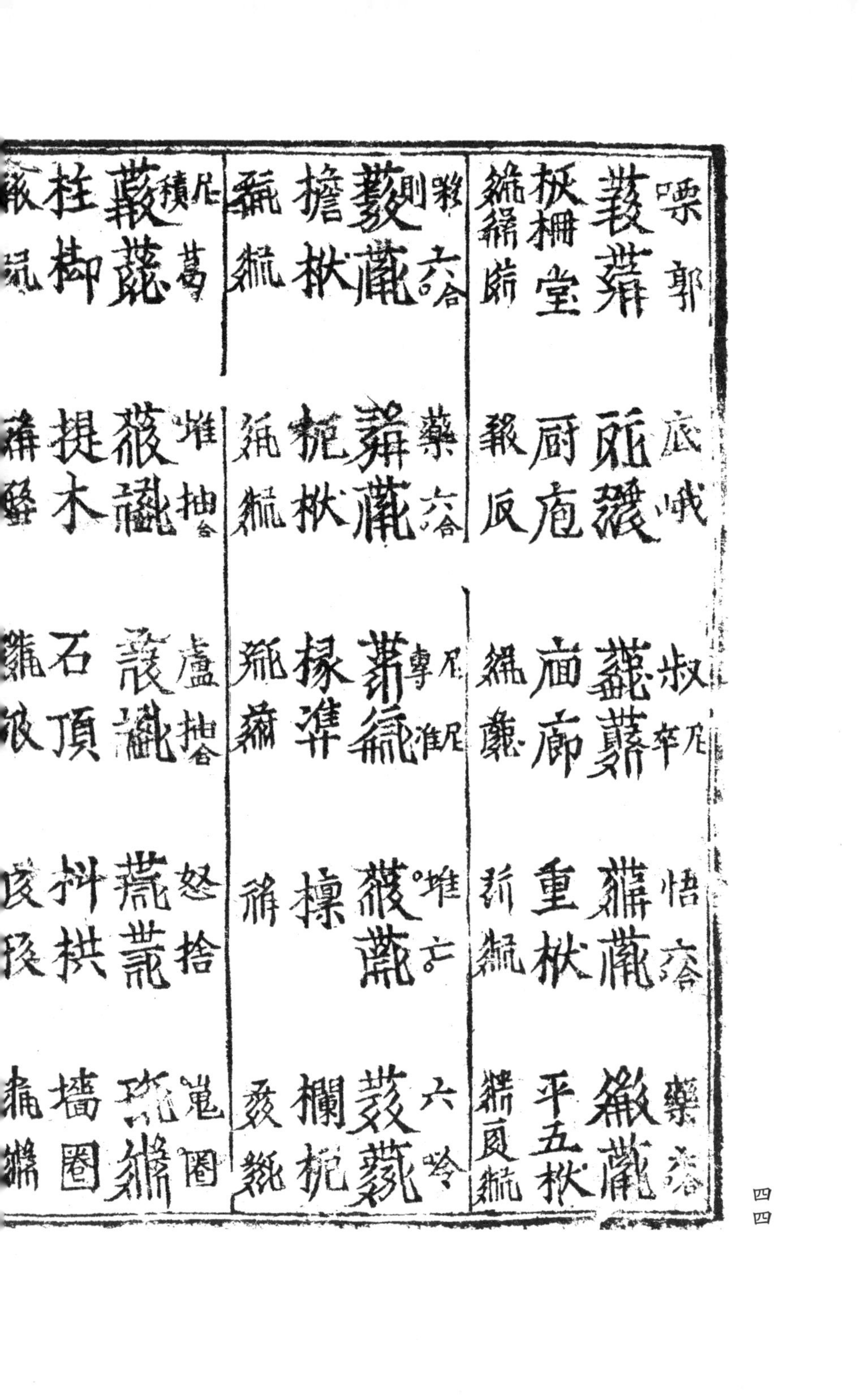

嘌郭	栿柵堂
底峨	厨庵
叔卒尼	廂廊
悟六合	重栿
藥六合	平五栿
粥則六合	擔栿
藥六合	搋栿
尼專准尼	椽準
唯六	檁
六吟	欄搋
積尼葛	柱脚
堆抽合	提木
盧抽合	石頂
怒捨	抖拱
嵬圈	墻圈

田 扻 舍
和 埿
則 運 土
西 木 植
西 叱 木 匠

捉 吃 匠
令 䫻 体 工
則 胃 斤 斧
嵝 枯 鑿 鋸
尼 合 則 果 鑷 子 鈐

浛 鎊
没 刀
奴 桶
管 鑵
西 碎 木 檻
硬 碌
丈 赤 沙

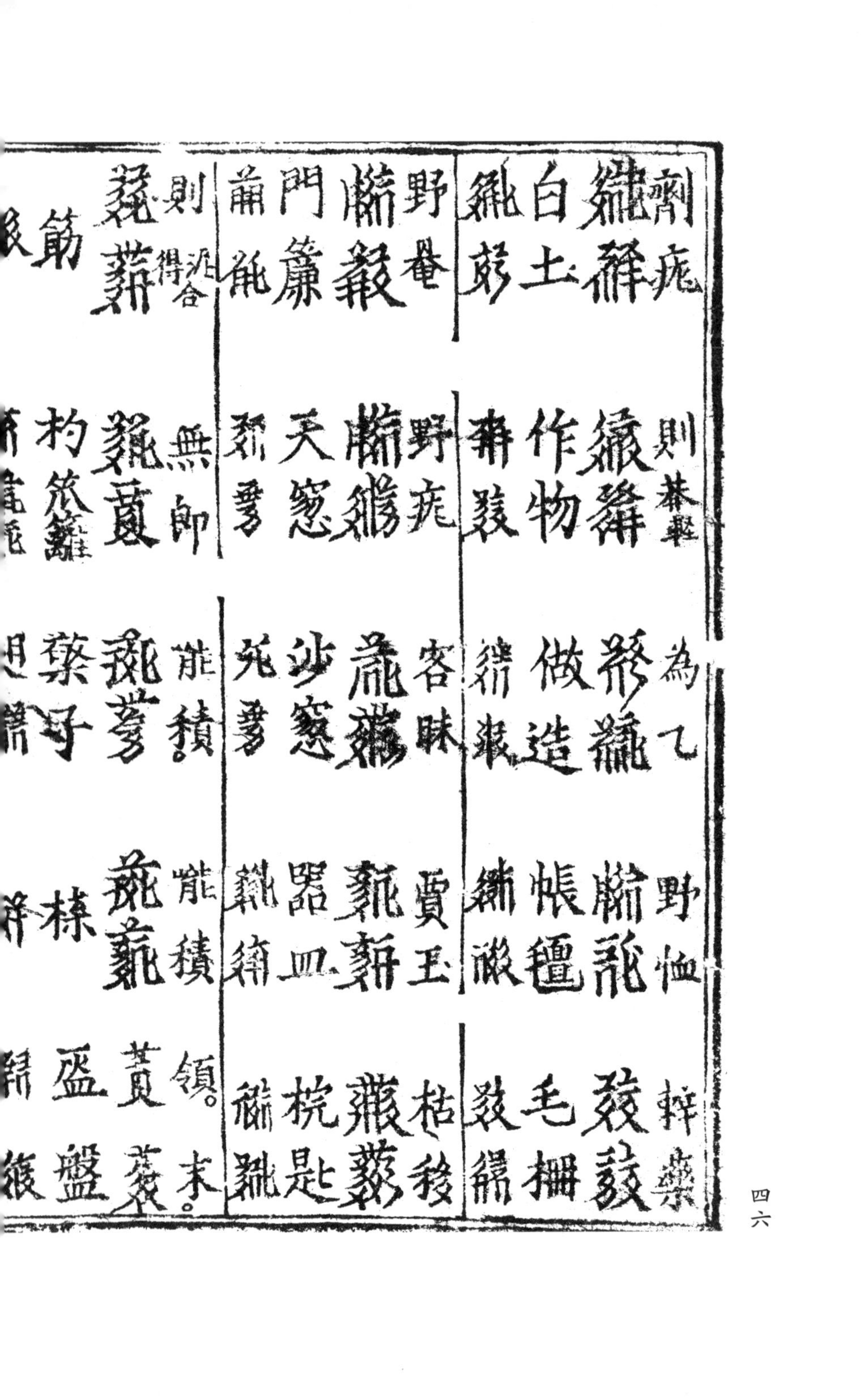

剃疣 白土

則恭輕 作物

為乙 做造

野恤 帳氊

粹藥 毛柵

野菴 門簾

野疣 天窗

客昧 沙窗

貢玉 器皿

枯稜 椀匙

則泥得合 筋

無郎 杓笊籬

能積 楪子

能積 椋

領末 盞盤

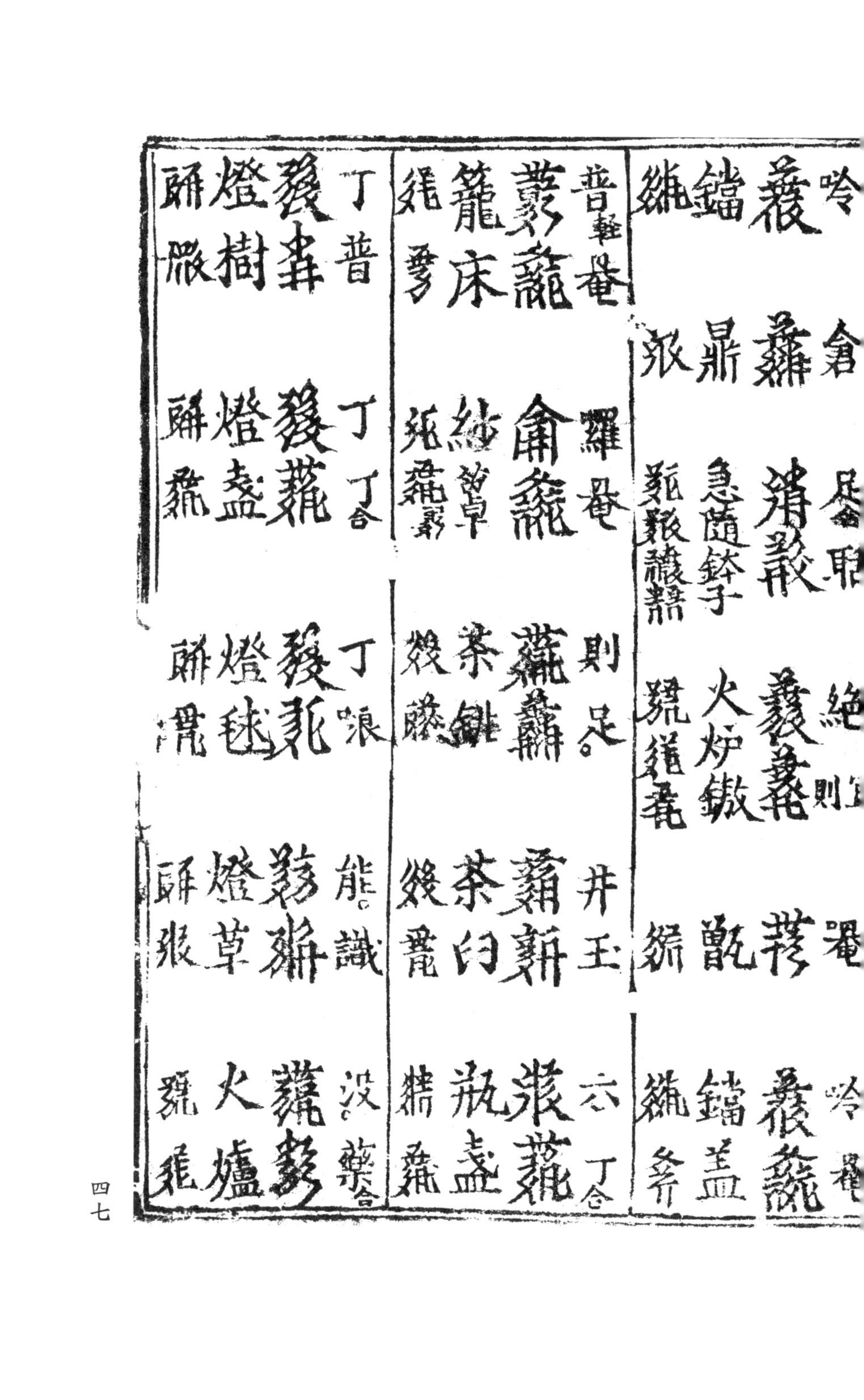

吟 鐺

倉 鼎

足合 聰 急隨鋅子

絕則 火炉鍬

罨 匙

吟奄 鐺蓋

普輕奄 籠床

羅奄 紗草

則足合 茶銚

井玉 茶臼

六丁合 瓶盞

丁普 燈樹

丁丁合 燈盞

丁喰 燈毬

能識 燈草

没藥合 火爐

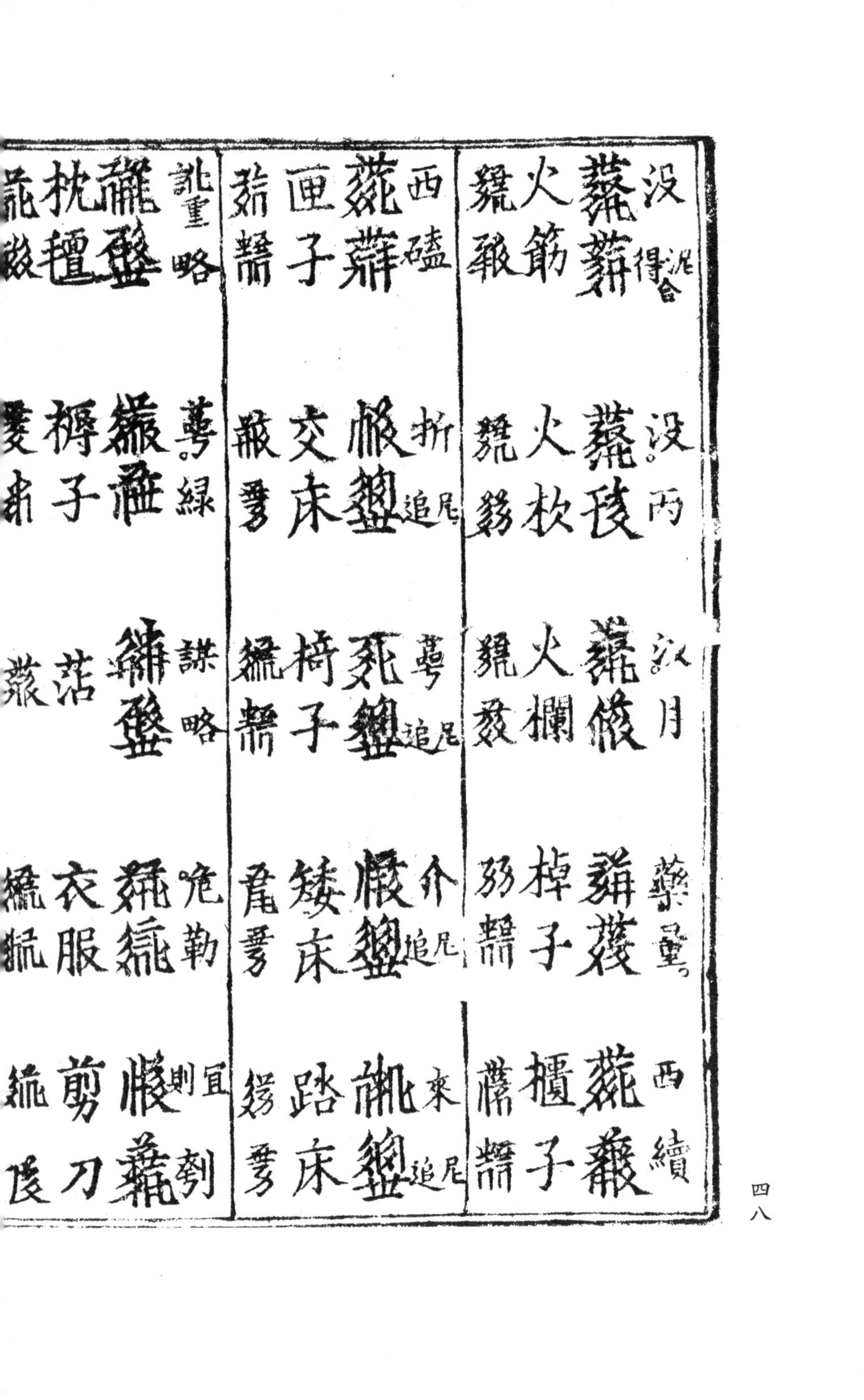

没泥合得 火筯

没丙 火杴

汲月 火攔

藥量 棹子

西續 櫃子

西磕 匣子

折尼追 交床

萼尼追 椅子

介尼追 矮床

來尼追 踏床

訛重略 枕氈

萼緑 褥子

謀略 芿

喰勒 衣服

宜則劉 剪刀

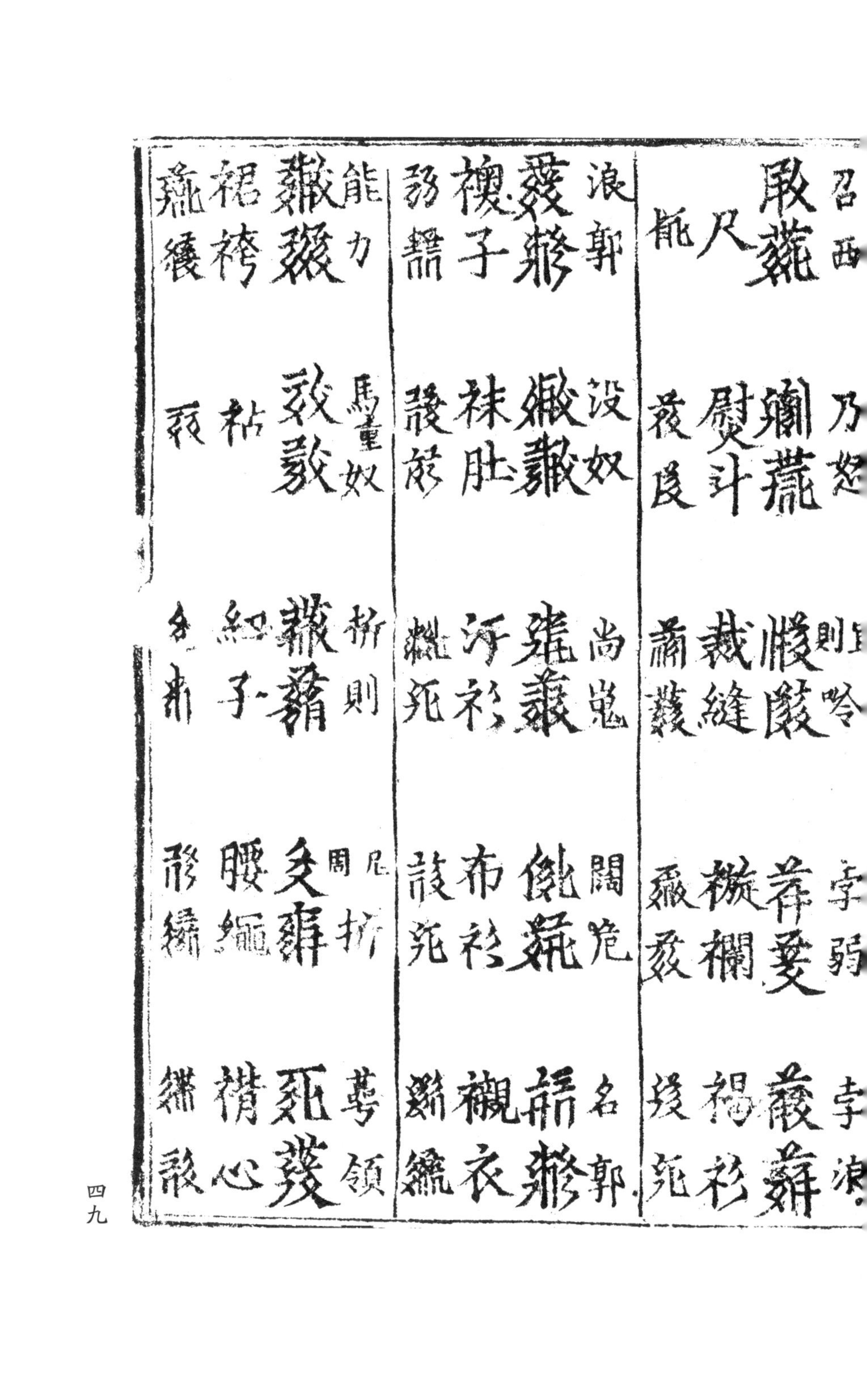

召西 尺

乃怒 熨斗

則吟 裁縫

孛弱 𧜟襴

孛浪 褐衫

浪郭 襖子

沒奴 袜肚

尚嵬 汗衫

闊危 布衫

名郭 襯衣

能力 裙袴

馬重奴 褌

析則 紐子

尼周折 腰縺

尊領 背心

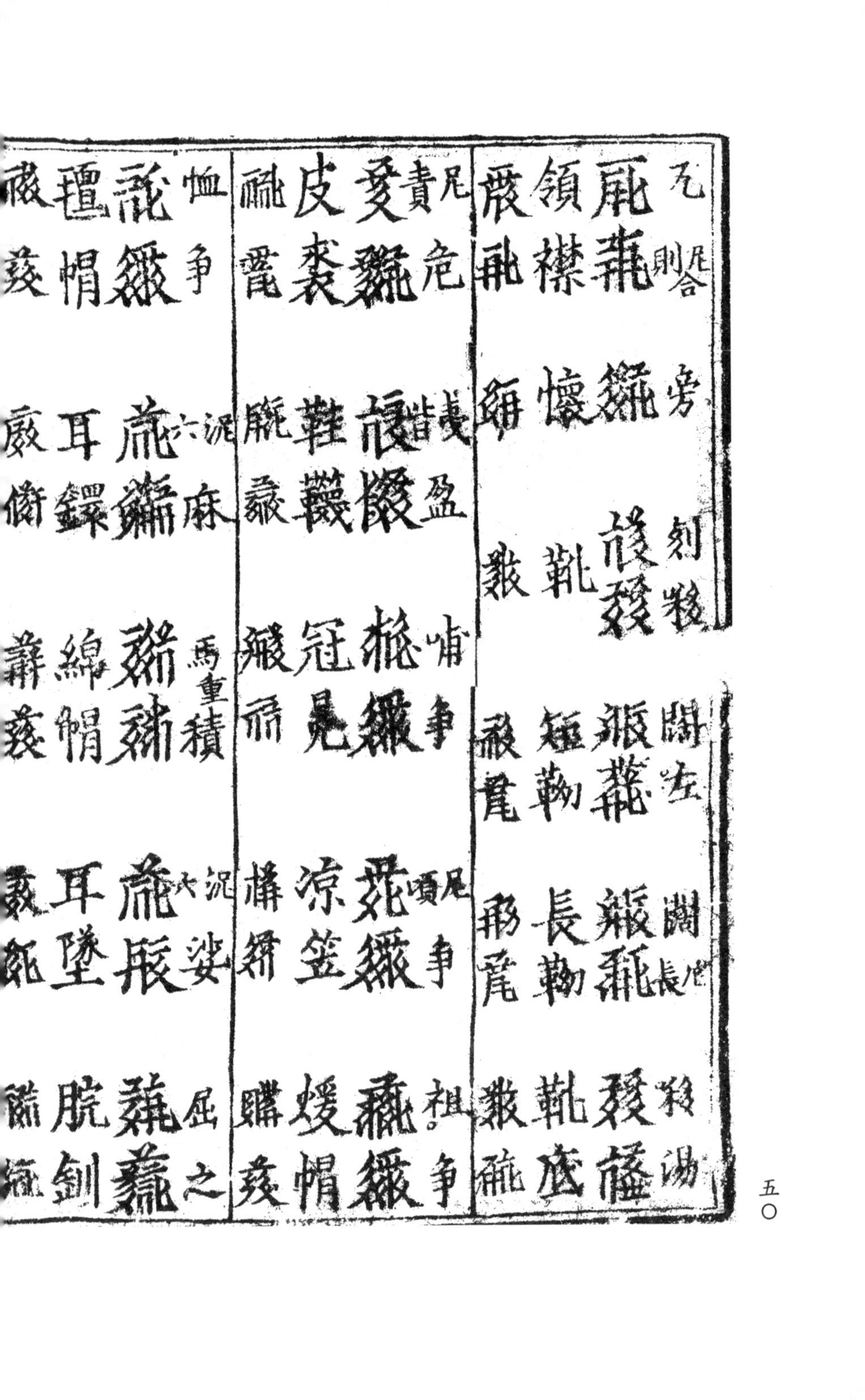

Chinese sound gloss	Tangut	Chinese meaning	Tangut sound gloss
乞 尼合則	[Tangut] [Tangut]	領襟	[Tangut] [Tangut]
旁	[Tangut]	懷	[Tangut]
刻粉	[Tangut] [Tangut]	靴	[Tangut]
鬭 左	[Tangut] [Tangut]	短靿	[Tangut] [Tangut]
鬭 尼長	[Tangut] [Tangut]	長靿	[Tangut] [Tangut]
粉 湯	[Tangut] [Tangut]	靴底	[Tangut] [Tangut]
尼責 危	[Tangut] [Tangut]	皮裘	[Tangut] [Tangut]
長皆 盈	[Tangut] [Tangut]	鞋韈	[Tangut] [Tangut]
哺 争	[Tangut] [Tangut]	冠冕	[Tangut] [Tangut]
尼嗔 争	[Tangut] [Tangut]	涼笠	[Tangut] [Tangut]
祖 争	[Tangut] [Tangut]	煖帽	[Tangut] [Tangut]
恤 争	[Tangut] [Tangut]	氈帽	[Tangut] [Tangut]
泥六 麻	[Tangut] [Tangut]	耳鐶	[Tangut] [Tangut]
馬重 積	[Tangut] [Tangut]	綿帽	[Tangut] [Tangut]
泥六 娑	[Tangut] [Tangut]	耳墜	[Tangut] [Tangut]
屈 之	[Tangut] [Tangut]	腕釧	[Tangut] [Tangut]

節唪 冠子

說墨 釵鉀

乞喽 木梳

吏暈 針線

煙知 烟焰

六每 粉

柔你 袈袋

怛嵬 鋪帛

騰捺 手帕

皆吟 金條

丁領 綾羅

軫果 繡錦

乙玉 絹絲

羅 紗

大迷 緊絲

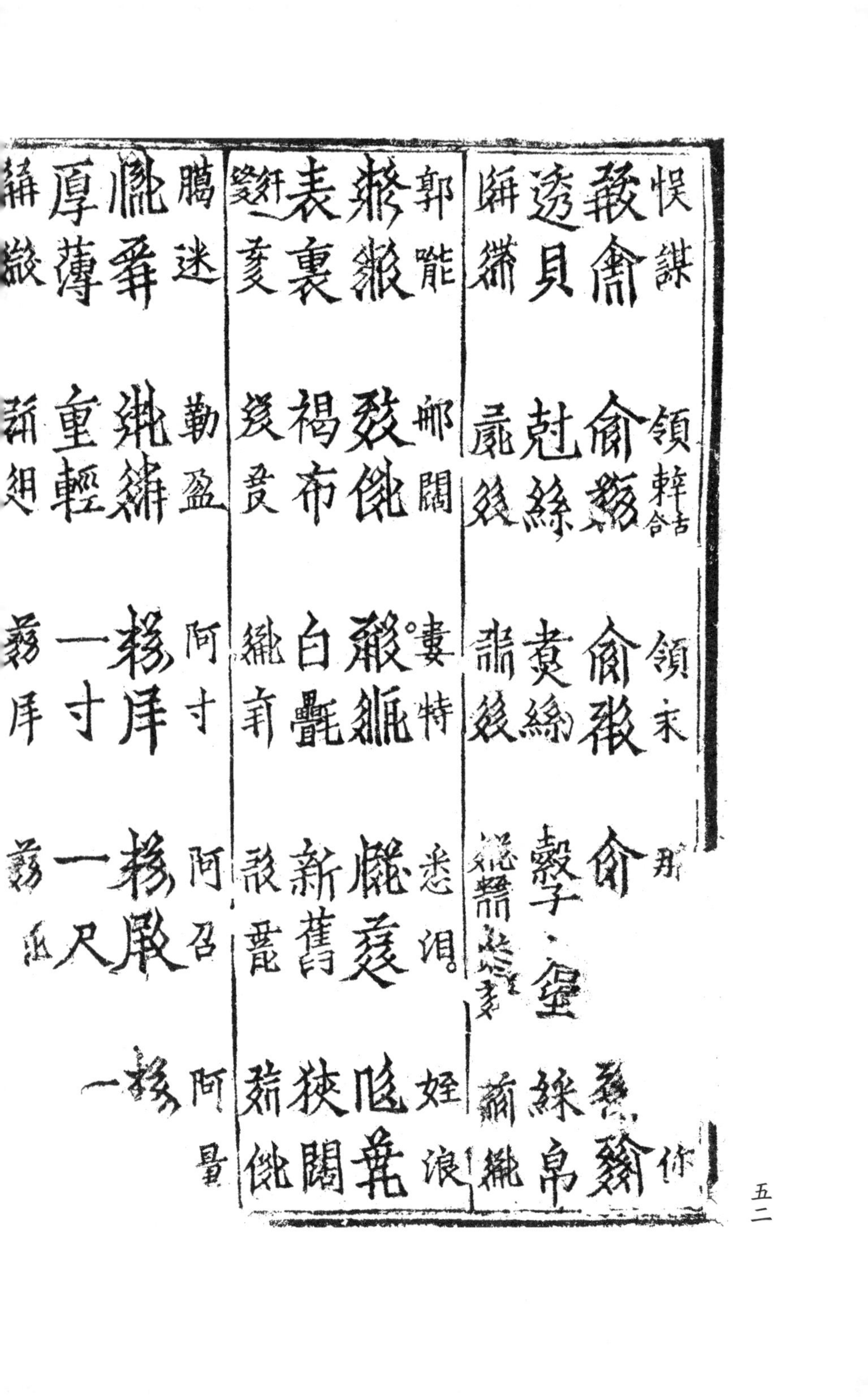

注音	西夏字	漢義	西夏注音
悞謀	[西夏文]	透貝	[西夏文]
領韓合吉	[西夏文]	尅絲	[西夏文]
領末	[西夏文]	責綿	[西夏文]
那	[西夏文]	[illegible]子、壘	[西夏文]
你	[西夏文]	絲帛	[西夏文]
郭能	[西夏文]	表裏	[西夏文]
鄃闊	[西夏文]	褐布	[西夏文]
婁特	[西夏文]	白氈	[西夏文]
悉涓	[西夏文]	新舊	[西夏文]
姪浪	[西夏文]	狹闊	[西夏文]
臈迷	[西夏文]	厚薄	[西夏文]
勒盈	[西夏文]	重輕	[西夏文]
阿寸	[西夏文]	一寸	[西夏文]
阿召	[西夏文]	一尺	[西夏文]
阿量	[西夏文]	一[illegible]	

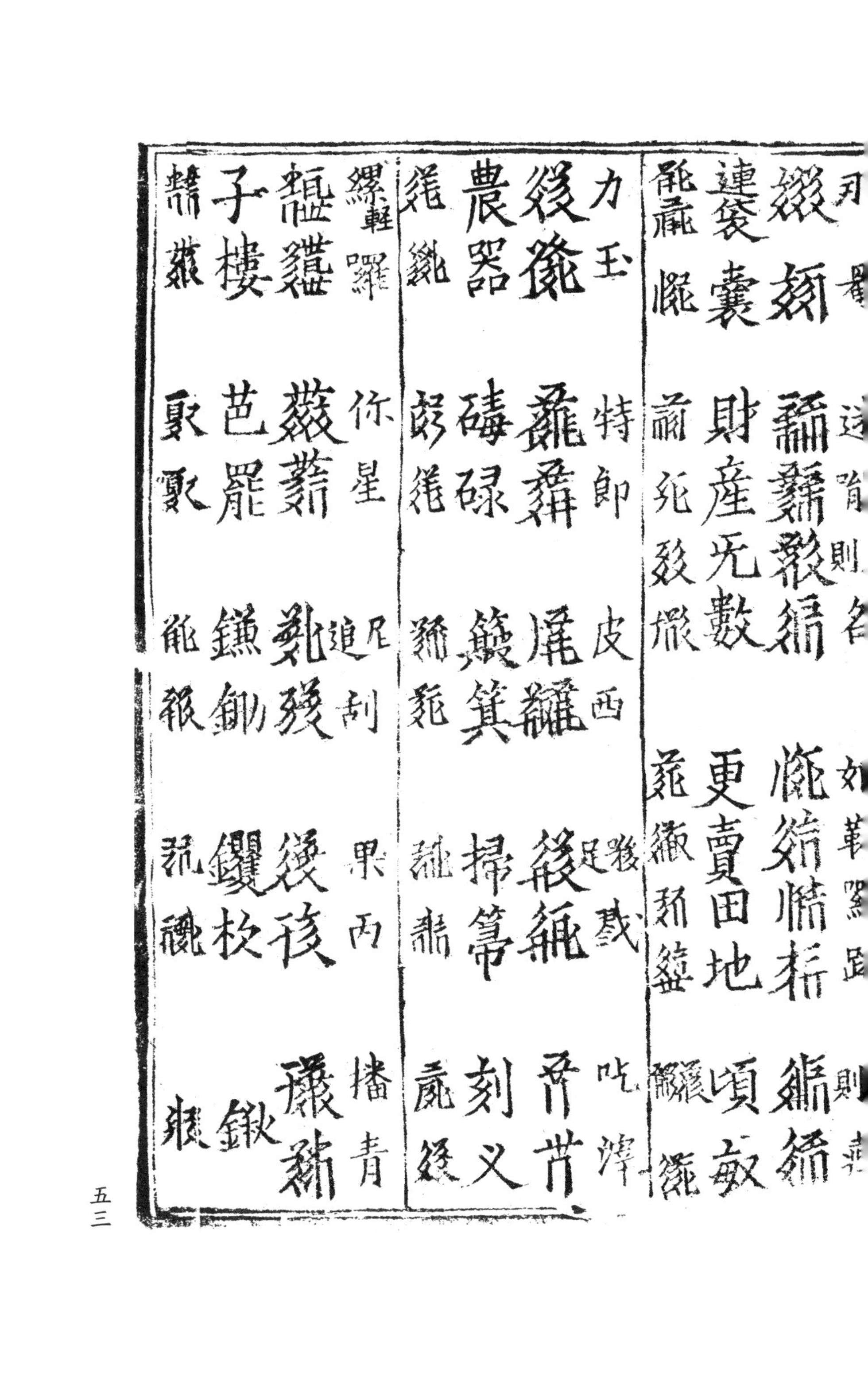

[illegible] 連袋 囊 | [illegible] 財産 充數 | [illegible] 更賣田地 | [illegible] 頃畝

力玉 [illegible] 農器 | 特郎 [illegible] 碡碌 | 皮西 [illegible] 簸箕 | 殺戮 [illegible] 掃帚 | 吃滓 [illegible] 刻叉

騾輕 囉 [illegible] 子樓 | 你星 [illegible] 芭羅 | 尼刮 追 [illegible] 鑱鍘 | 果丙 [illegible] 钁校 | 播青 [illegible] 鍬

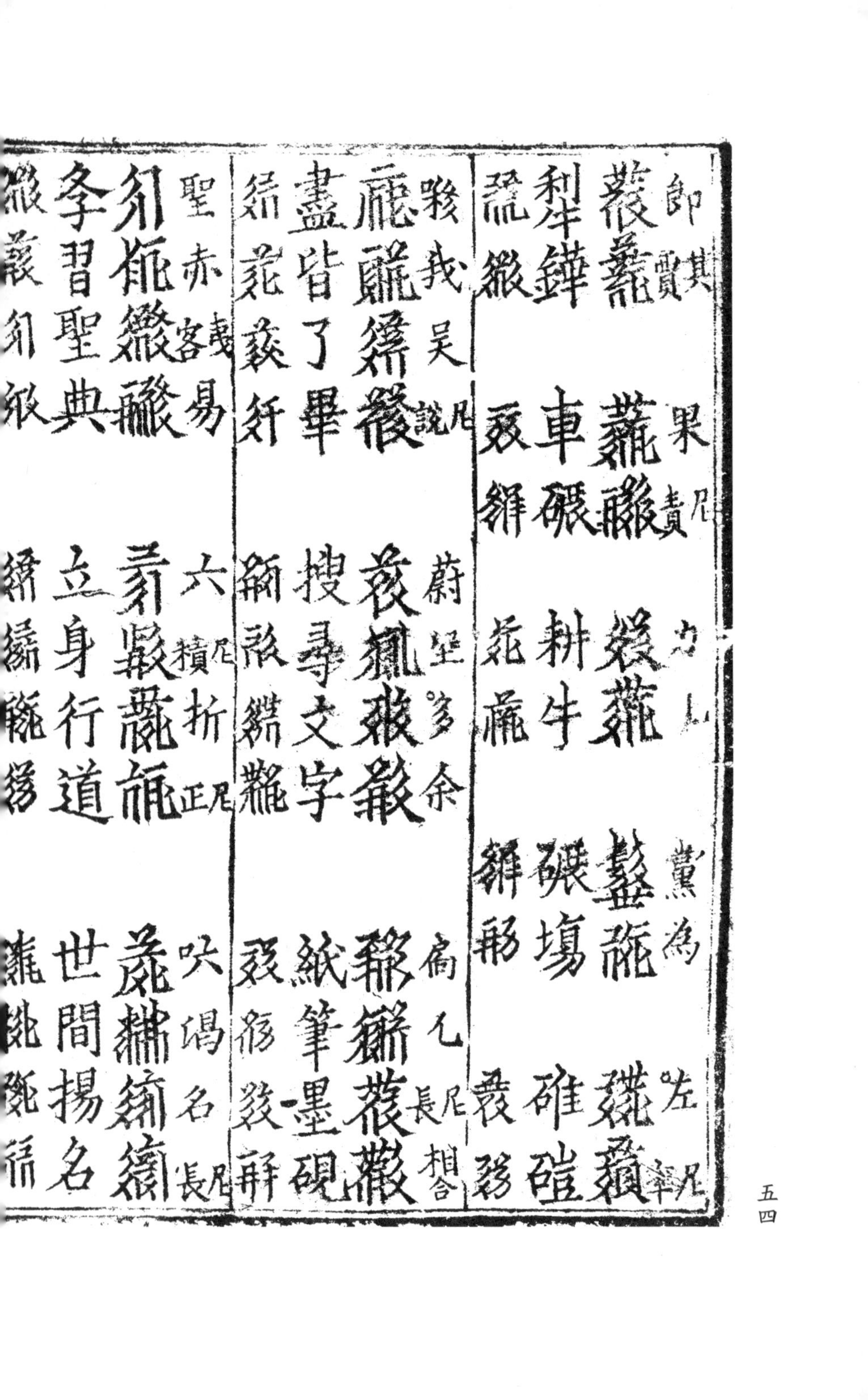

注音	番	漢	注音
節其	[Tangut]	犁鏵	[Tangut]
果責	[Tangut]	車碾	[Tangut]
办山	[Tangut]	耕牛	[Tangut]
薰為	[Tangut]	碾場	[Tangut]
咗左辛	[Tangut]	碓磑	[Tangut]
嵇我吴說	[Tangut]	盡皆了畢	[Tangut]
蔚埿多余	[Tangut]	搜尋文字	[Tangut]
㣧乙長相合	[Tangut]	紙筆墨硯	[Tangut]
聖赤客易	[Tangut]	李習聖典	[Tangut]
六積折正	[Tangut]	立身行道	[Tangut]
吠碣名長	[Tangut]	世間揚名	[Tangut]

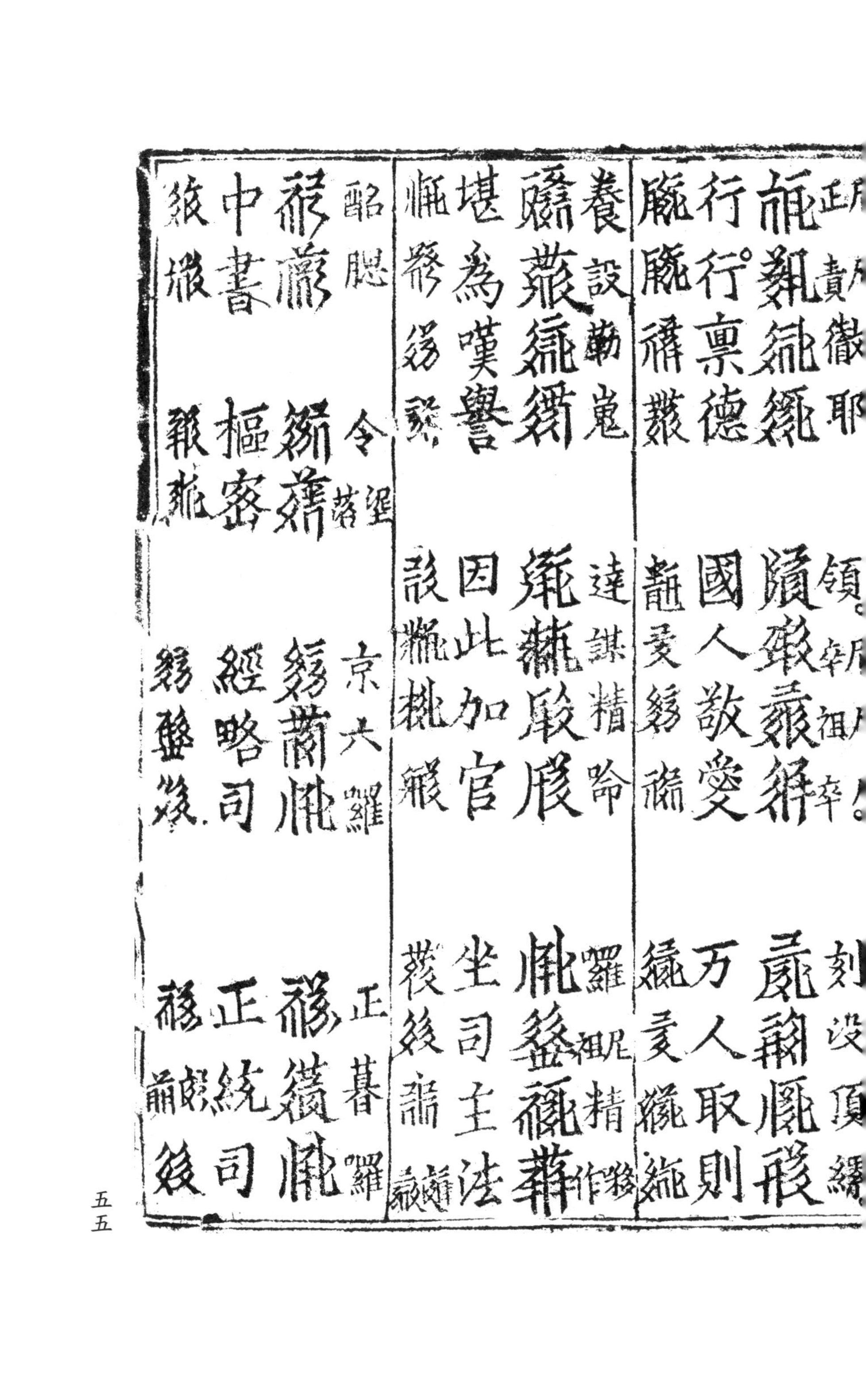

正責徵耶 [illegible] 行行稟德 [illegible]

領卒祖卒 [illegible] 國人敬愛 [illegible]

刻没頁繹 [illegible] 万人取則 [illegible]

養設勒嵬 [illegible] 堪為嘆譽 [illegible]

達謀精吟 [illegible] 因此加官 [illegible]

羅祖尼精作移 [illegible] 坐司主法 [illegible]

酩腮 [illegible] 中書 [illegible]

令經落 [illegible] 樞密 [illegible]

京六羅 [illegible] 經略司 [illegible]

正碁囉 [illegible] 正統司 [illegible]

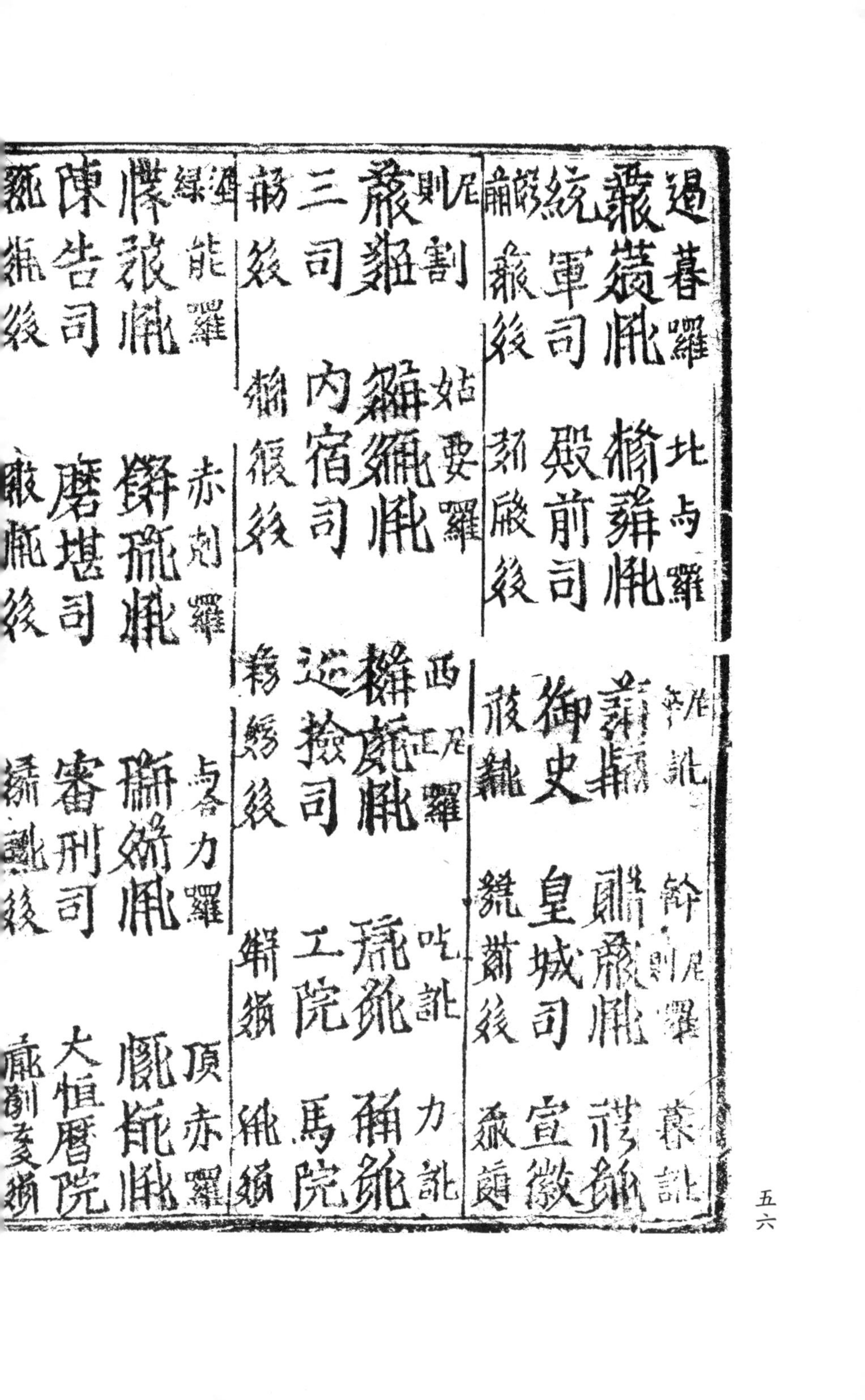

遏暮囉	[illegible]	統軍司	[illegible]
北㕯囉	[illegible]	殿前司	[illegible]
尒尼訛	[illegible]	御史	[illegible]
鈴剔尼囉	[illegible]	皇城司	[illegible]
菩訛	[illegible]	宣徽	[illegible]
尼則割	[illegible]	三司	[illegible]
姑要囉	[illegible]	内宿司	[illegible]
西正尼囉	[illegible]	巡撿司	[illegible]
吃訛	[illegible]	工院	[illegible]
力訛	[illegible]	馬院	[illegible]
遏綠能囉	[illegible]	陳告司	[illegible]
赤剋囉	[illegible]	磨堪司	[illegible]
㕯合力囉	[illegible]	審刑司	[illegible]
頂赤囉	[illegible]	大恒曆院	[illegible]

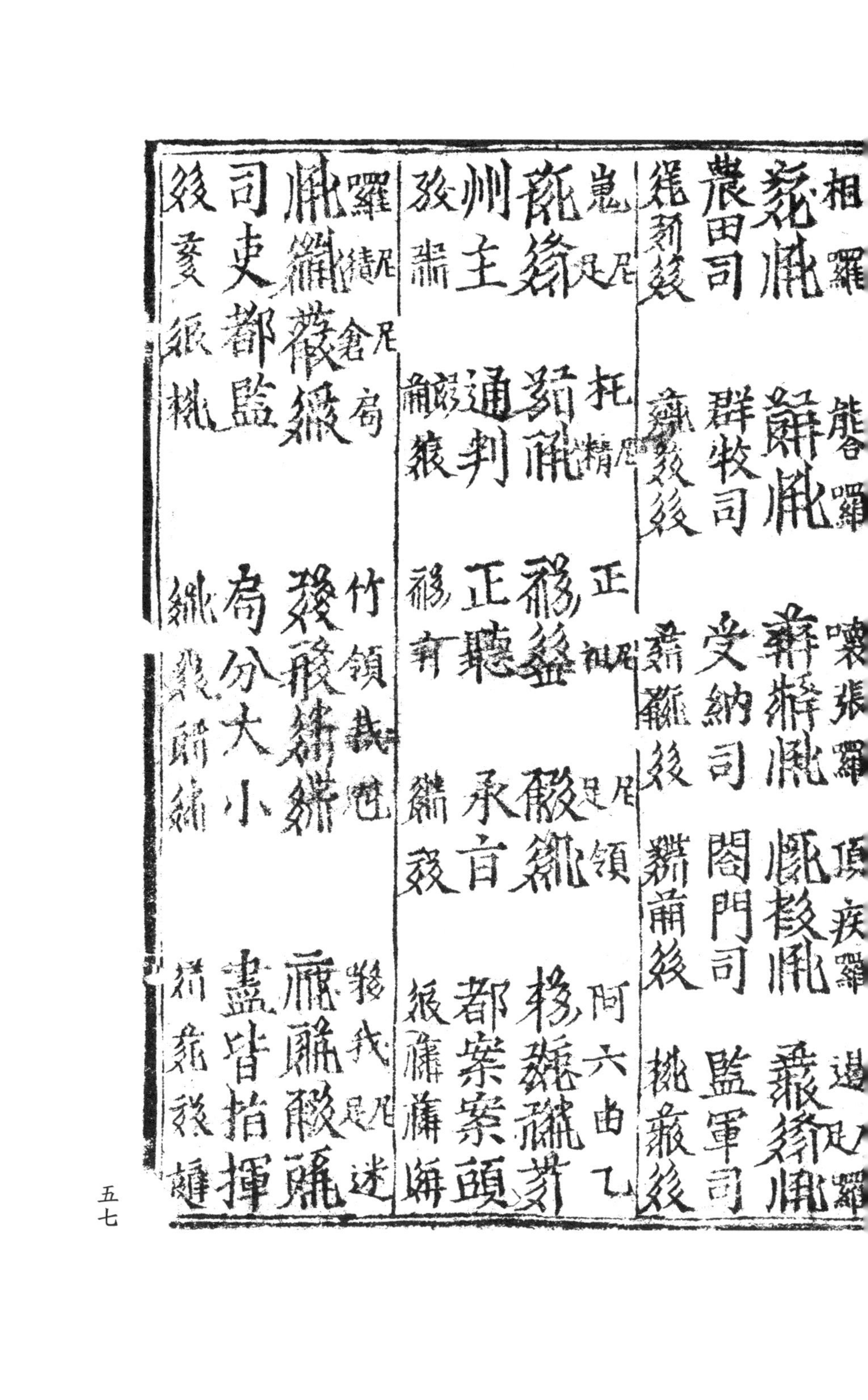

相羅 [Tangut] 農田司 [Tangut]

磐習羅 [Tangut] 群牧司 [Tangut]

嚷㤶羅 [Tangut] 受納司 [Tangut]

頂痆羅 [Tangut] 閤門司 [Tangut]

遏尼足羅 [Tangut] 監軍司 [Tangut]

嵬尼足 [Tangut] 州主 [Tangut]

托精尼 [Tangut] 通判 [Tangut]

正祖尼 [Tangut] 正聽 [Tangut]

尼足領 [Tangut] 承旨 [Tangut]

阿六由乙 [Tangut] 都案案頭 [Tangut]

羅㤶尼足 [Tangut] 司吏 [Tangut]

倉尼局 [Tangut] 都監 [Tangut]

竹領長也 [Tangut] 局分大小 [Tangut]

㣲我尼足迷 [Tangut] 盡皆指揮 [Tangut]

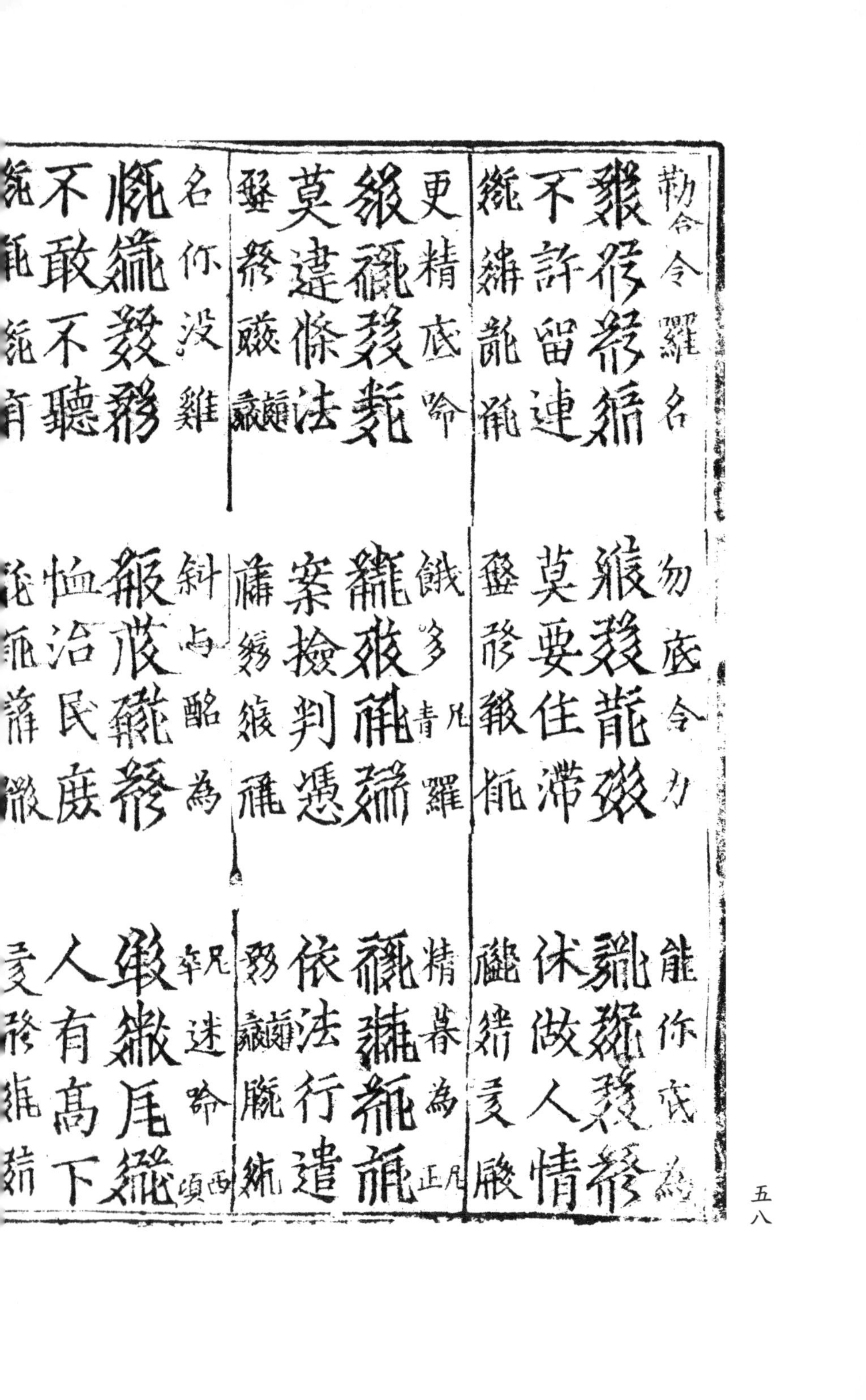

勅令羅名
不許留連

更精底吟
莫違條法

名你没雞
不敢不聽

勿底令力
莫要住滯

餓多青凡羅
案檢判憑

斜与酩為
恤治民庶

能你底為
休做人情

精碁為正凡
依法行遣

卒凡迷吟西頃
人有高下

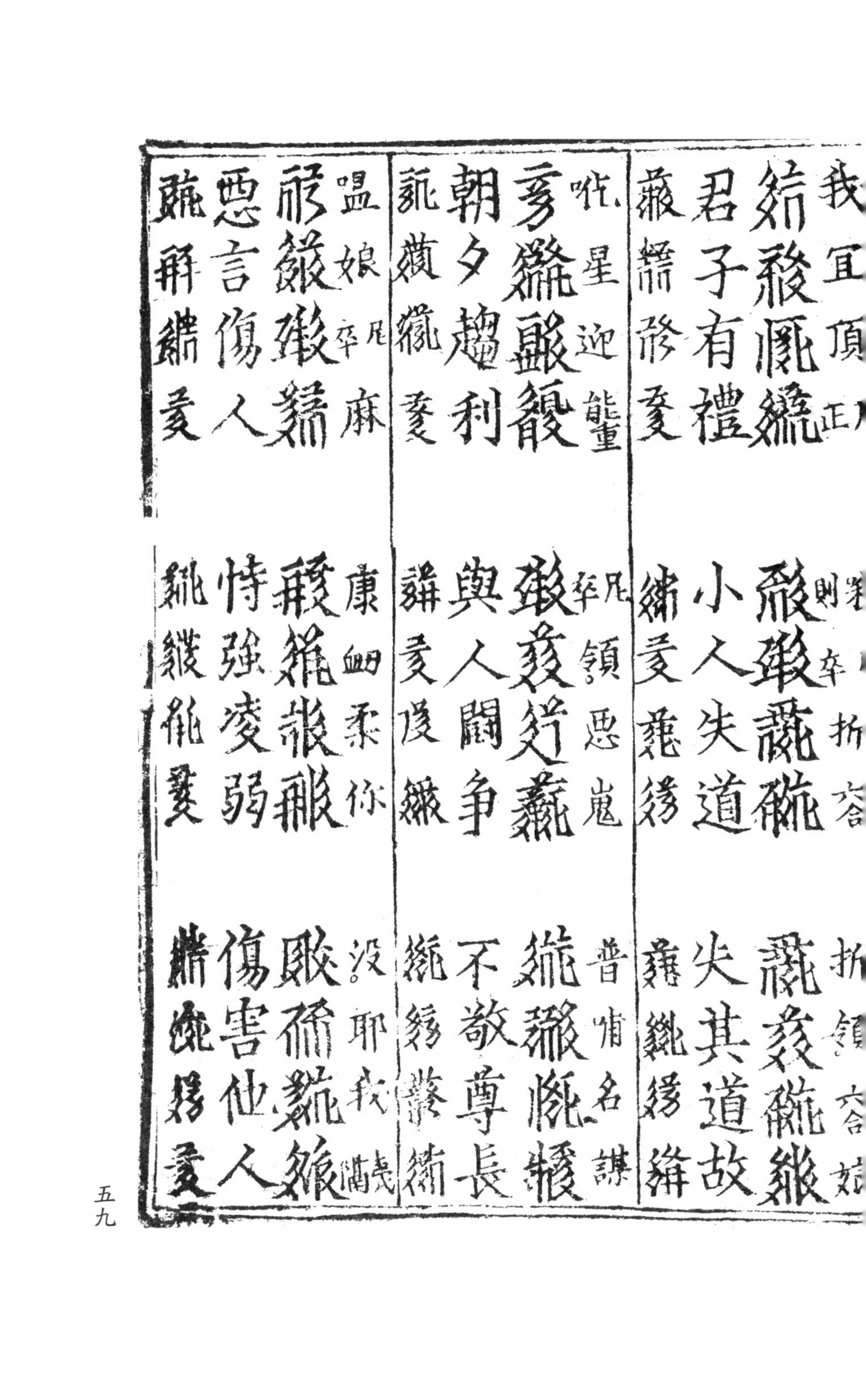

我宜頂正

君子有禮

吽星迎能釐

朝夕趨利

嗢娘尼卒麻

惡言傷人

則尼卒折六合

小人失道

尼卒領思嵬

與人鬬争

康皿柔你

恃強凌弱

折領六合姑

失其道故

普宵名謀

不敬尊長

没耶我滿哉

傷害他人

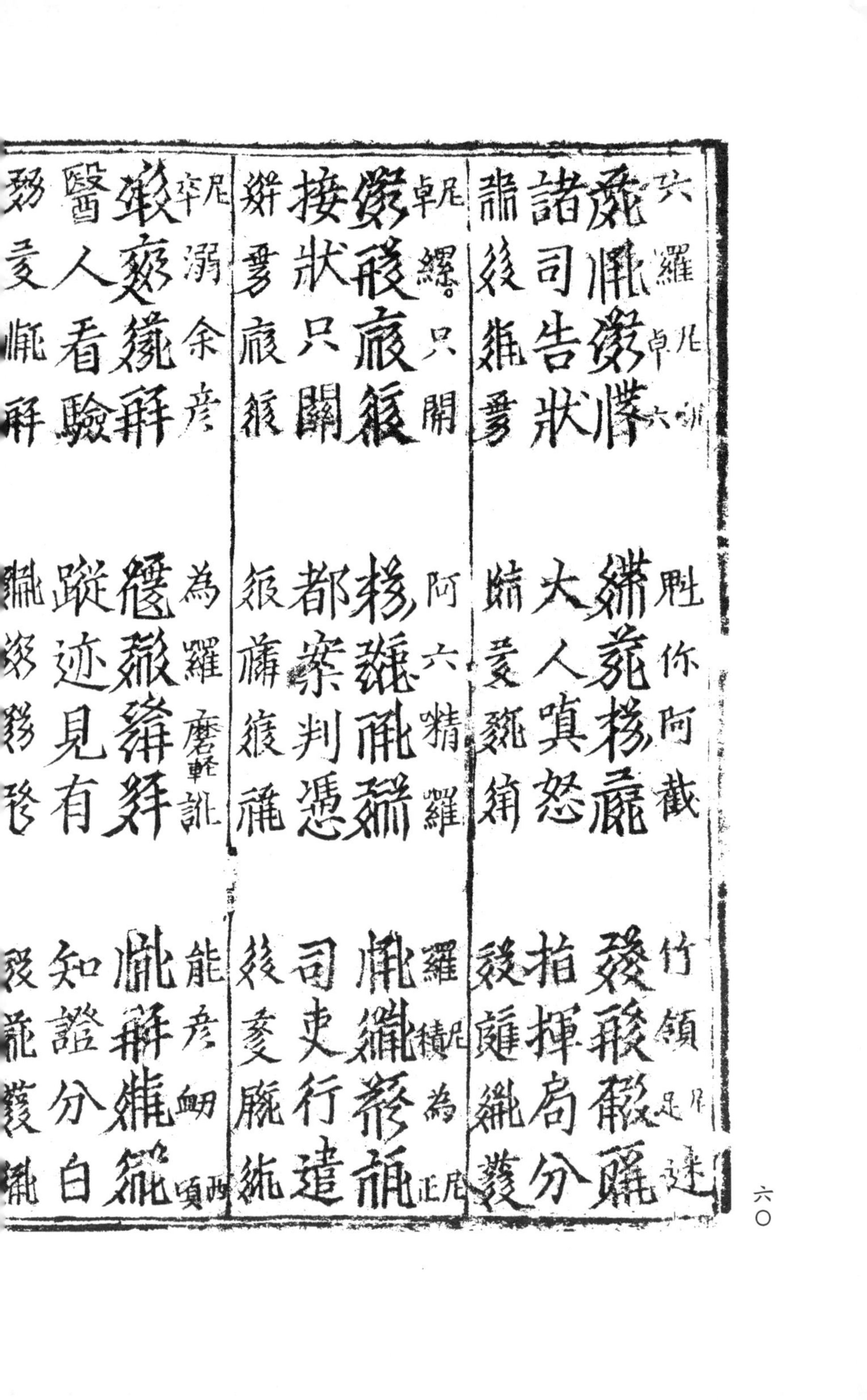

六羅卓尼六𡿨
[illegible]
諸司告狀
[illegible]

吔你阿截
[illegible]
大人嗔怒
[illegible]

竹領足尼迷
[illegible]
指揮局分
[illegible]

卓尼繆只開
[illegible]
接狀只關
[illegible]

阿六精羅
[illegible]
都案判憑
[illegible]

羅積尼為正尼
[illegible]
司吏行遣
[illegible]

卒尼溺余彥
[illegible]
醫人看驗
[illegible]

為羅麼輕訛
[illegible]
蹤迹見有
[illegible]

能彥剛西頭
[illegible]
知證分白
[illegible]

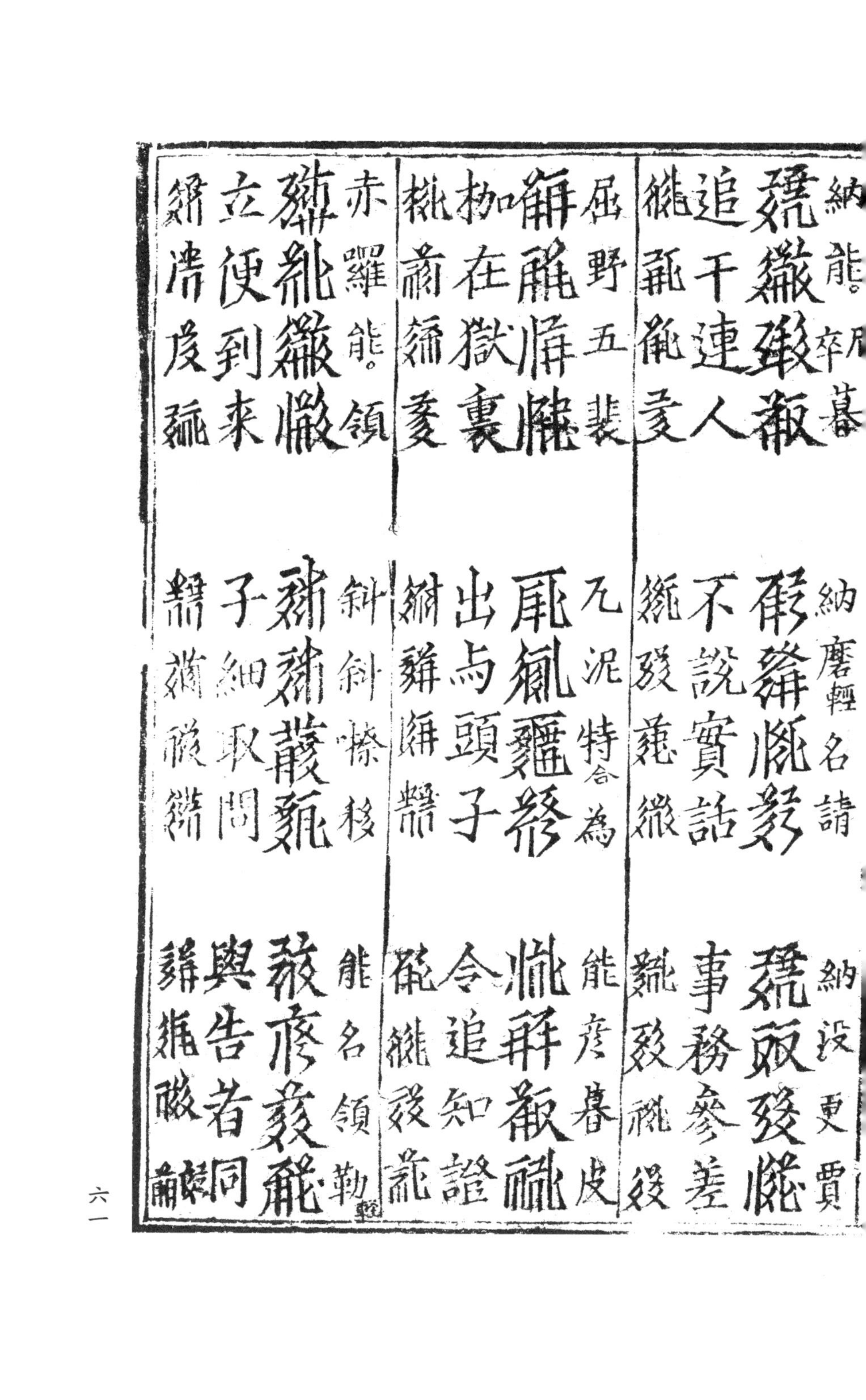

納能。卒慕

追干連人

屈野五裴

枷在獄裏

赤羅能。領

立便到來

納磨輕名請

不說實話

乞泥特合為

出与頭子

斜斜嘹移

子細取問

納設更貫

事務參差

能彥暮皮

令追知證

能名領勒

與告者同

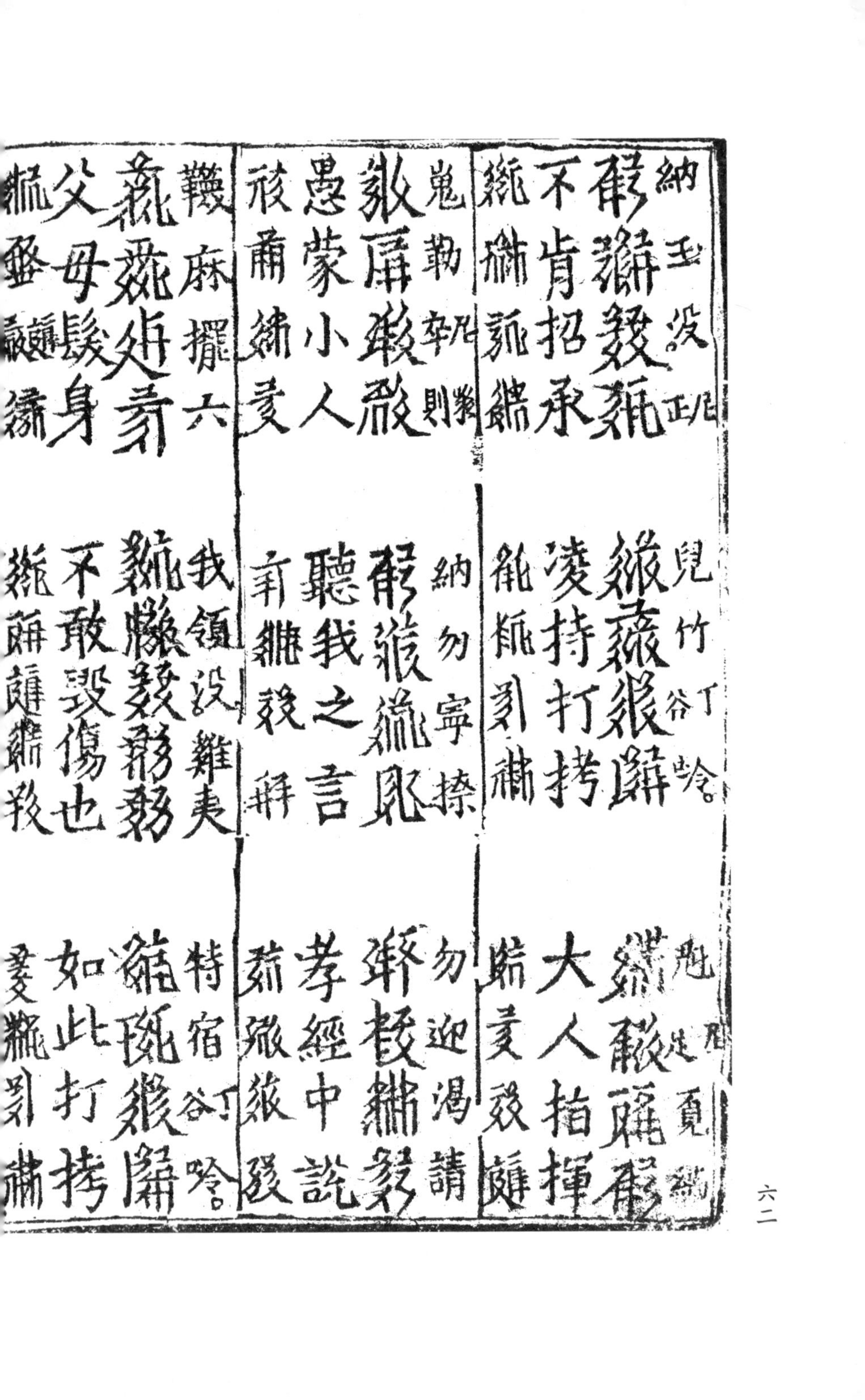

納玉没正ㄗ
不肯招承

兒竹谷丁吟令
凌持打拷

尪足覓
大人指揮

嵬勒卒ㄗ則
愚蒙小人

納勿寧捺
聽我之言

勿迎渇請
孝經中説

韈麻擺六
父母髮身

我領没雞夷
不敢毀傷也

特宿谷丁吟
如此打拷

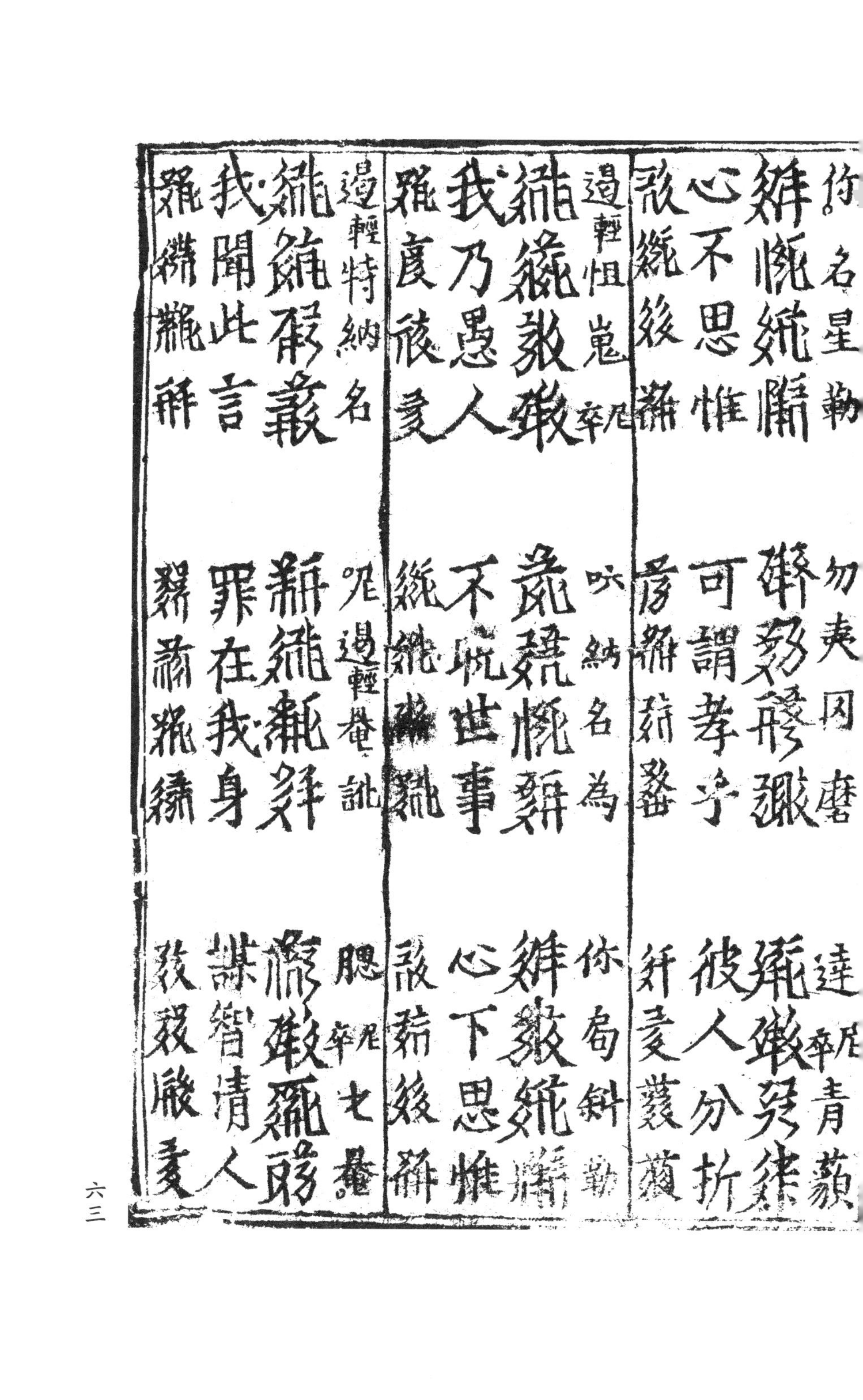

佇名星勒
心不思惟

勿夷因麼
可謂孝子

達辛尼青藾
彼人分折

遏輕怛嵬辛尼
我乃愚人

吹納名為
不曉世事

你屬斜勒
心下思惟

遏輕特納名
我聞此言

呢遏輕疊訛
罪在我身

腮辛尼七疊
謀智清人

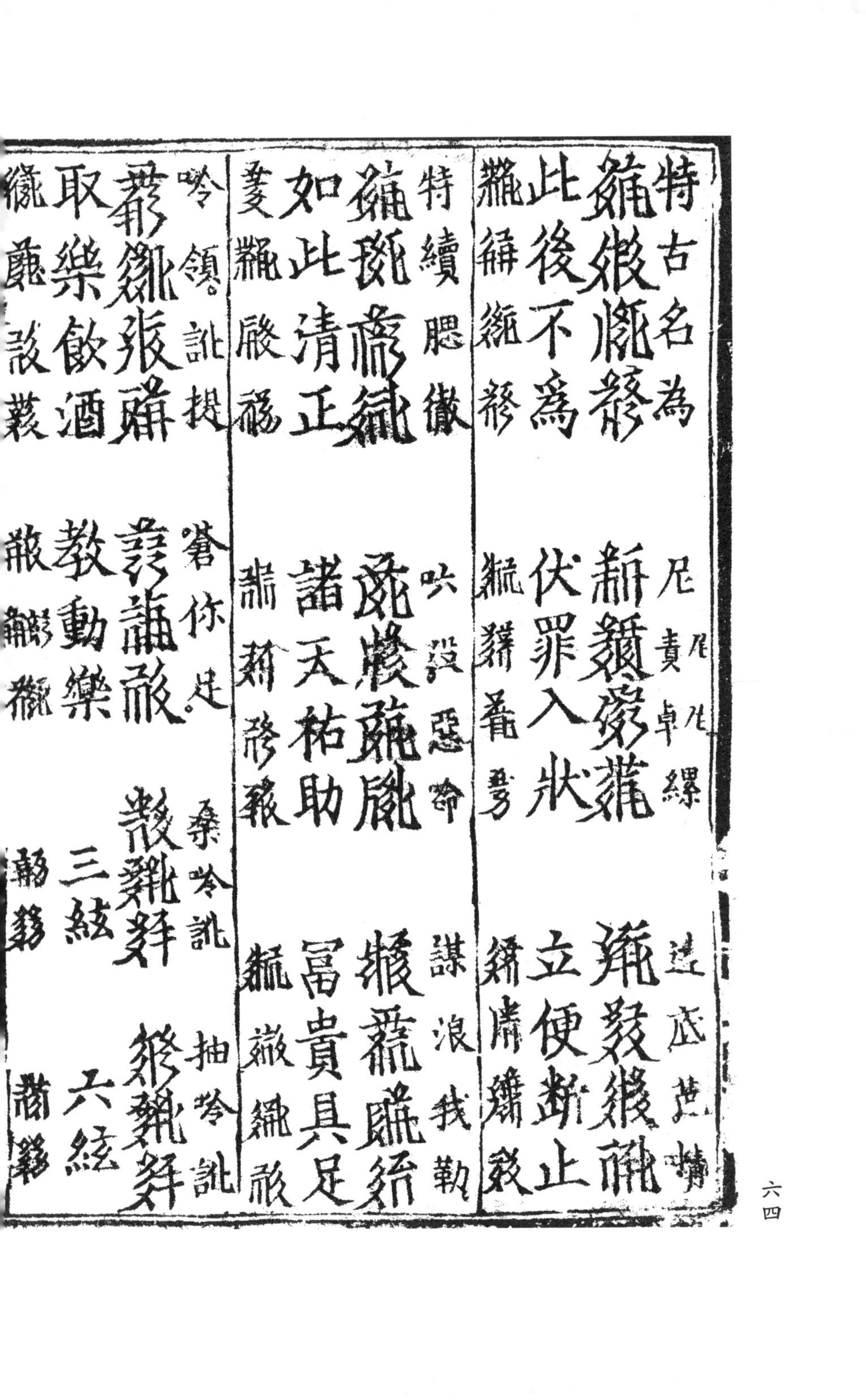

特古名為
[illegible]
此後不為
[illegible]

尼責卓縲
[illegible]
伏罪入狀
[illegible]

達底芒𭧗
[illegible]
立便斷止
[illegible]

特續腮徽
[illegible]
如此清正
[illegible]

吠設惡嚀
[illegible]
諸天祐助
[illegible]

謀浪我勒
[illegible]
富貴具足
[illegible]

吟領訛提
[illegible]
取樂飲酒
[illegible]

箸你足
[illegible]
教動樂
[illegible]

桑吟訛
[illegible]
三絃
[illegible]

抽吟訛
[illegible]
六絃
[illegible]

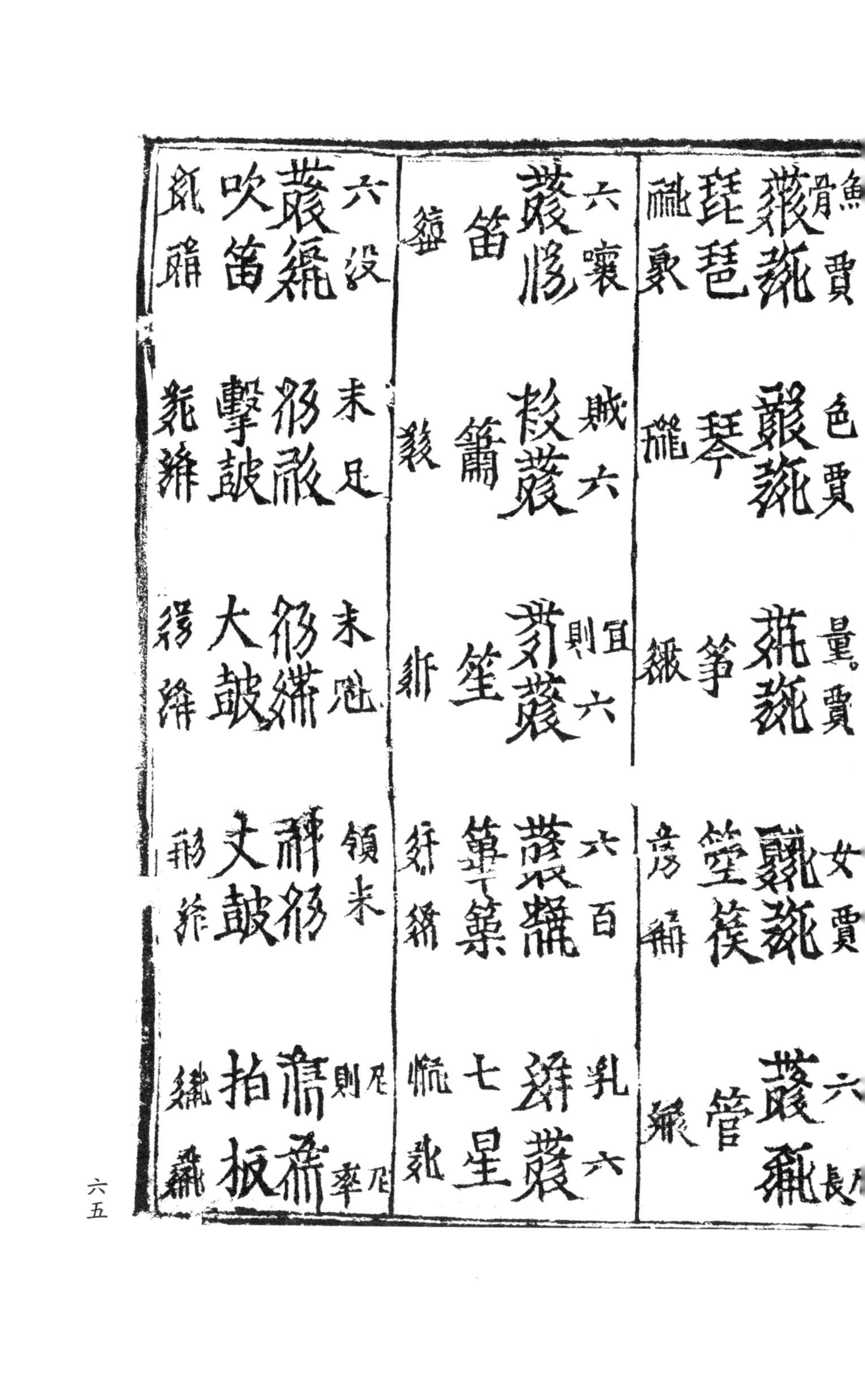

魚骨貫	[illegible]	琵琶	[illegible]
色貫	[illegible]	琴	[illegible]
量。貫	[illegible]	箏	[illegible]
女貫	[illegible]	箜篌	[illegible]
六長	[illegible]	管	[illegible]
六嚷	[illegible]	笛	[illegible]
賊六	[illegible]	簫	[illegible]
宜則六	[illegible]	笙	[illegible]
六百	[illegible]	篳篥	[illegible]
乳六	[illegible]	七星	[illegible]
六没	[illegible]	吹笛	[illegible]
末足	[illegible]	擊鼓	[illegible]
末尬	[illegible]	大鼓	[illegible]
領来	[illegible]	丈鼓	[illegible]
尼則尼率	[illegible]	拍板	[illegible]

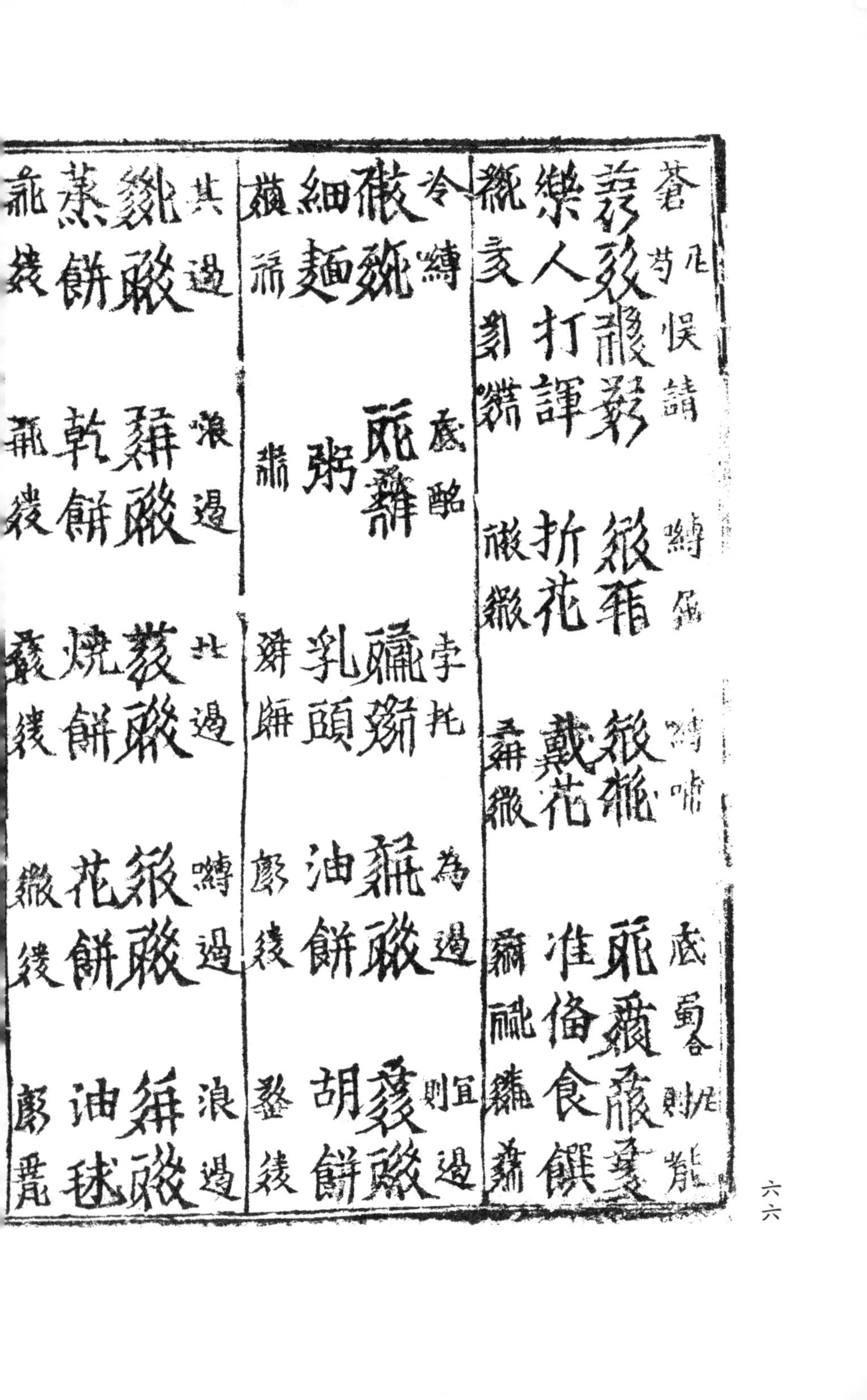

漢字注音	漢語
蒼 芍乙 俣 請	樂人打諢
嚩 㖞	折花
嚩 啼	戴花
底 蜀合 則泥 能	准備食饌
冷嚩	細麵
底酩	粥
李托	乳頭
為過	油餅
則宜 過	胡餅
其過	蒸餅
浪過	乾餅
北過	燒餅
嚩過	花餅
浪過	油毬

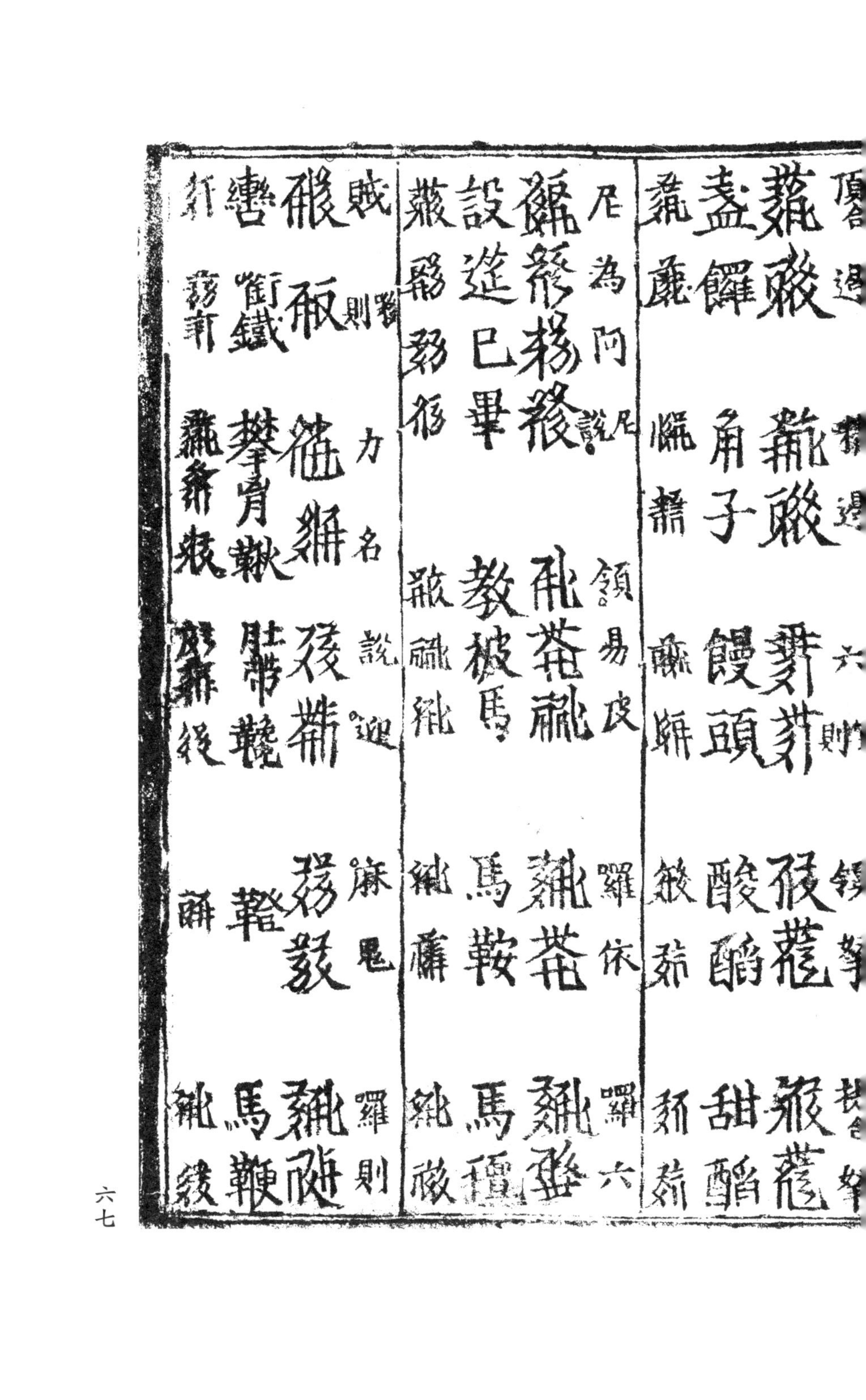

饅頭
酸酳
甜醅
角子
尼為冋說
設筵已畢
領易皮
教被馬
羅依
馬鞍
羅六
馬韁
賊
則
銜鐵
力名
攀胷鞦
說迎
肚帶鞦
麻鬼
羅則
馬鞭

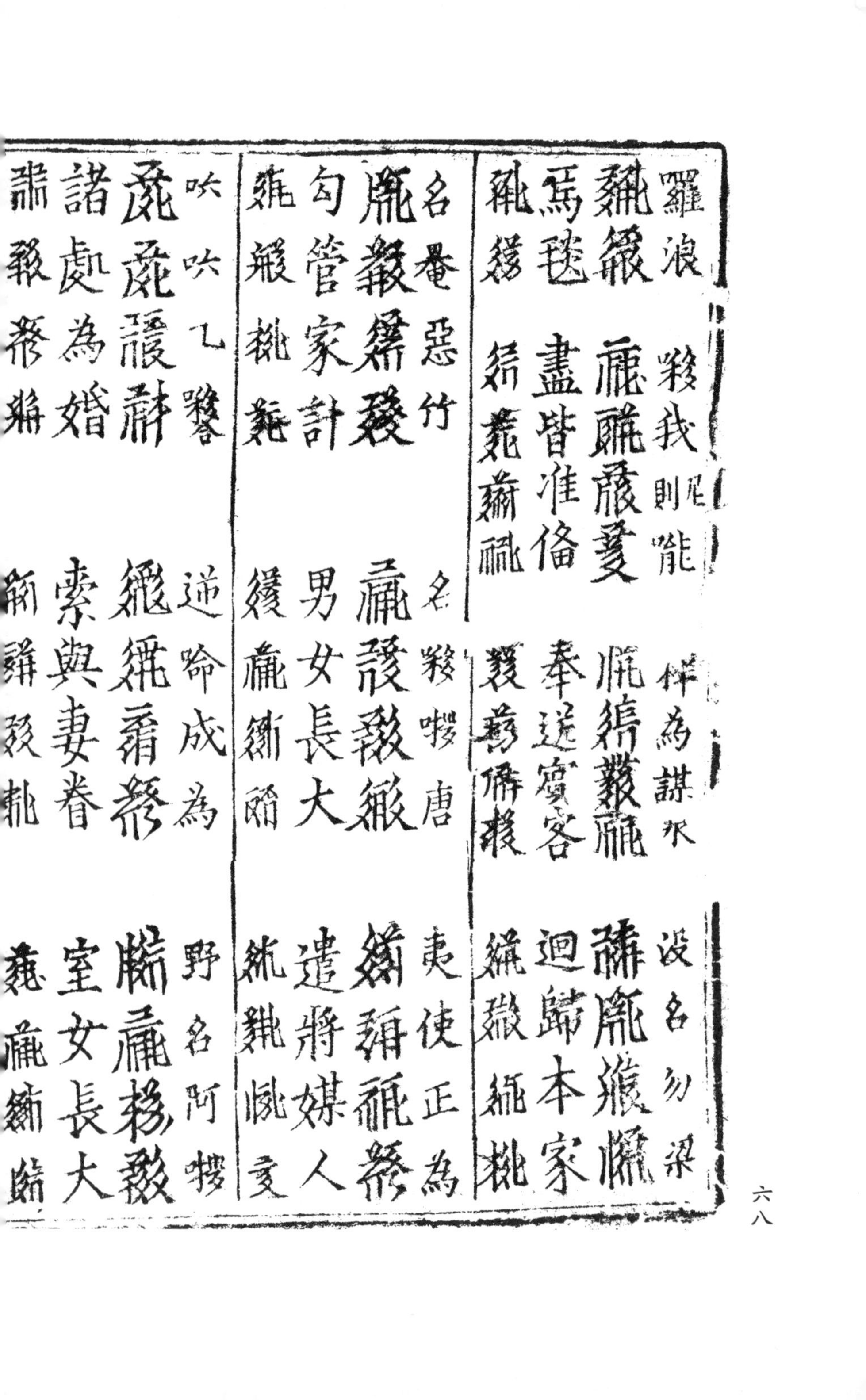

羅浪
[Tangut]
馬毯
[Tangut]

㲉我則尼能
[Tangut]
盡皆准備
[Tangut]

桙為謀水
[Tangut]
奉送賓客
[Tangut]

没名勿梁
[Tangut]
迴歸本家
[Tangut]

名罨惡竹
[Tangut]
句管家計
[Tangut]

名㲉嘍唐
[Tangut]
男女長大
[Tangut]

吏使正為
[Tangut]
遣將媒人
[Tangut]

吹吹乙嚕
[Tangut]
諸處為婚
[Tangut]

逆聆成為
[Tangut]
索與妻眷
[Tangut]

野名阿嘍
[Tangut]
室女長大
[Tangut]

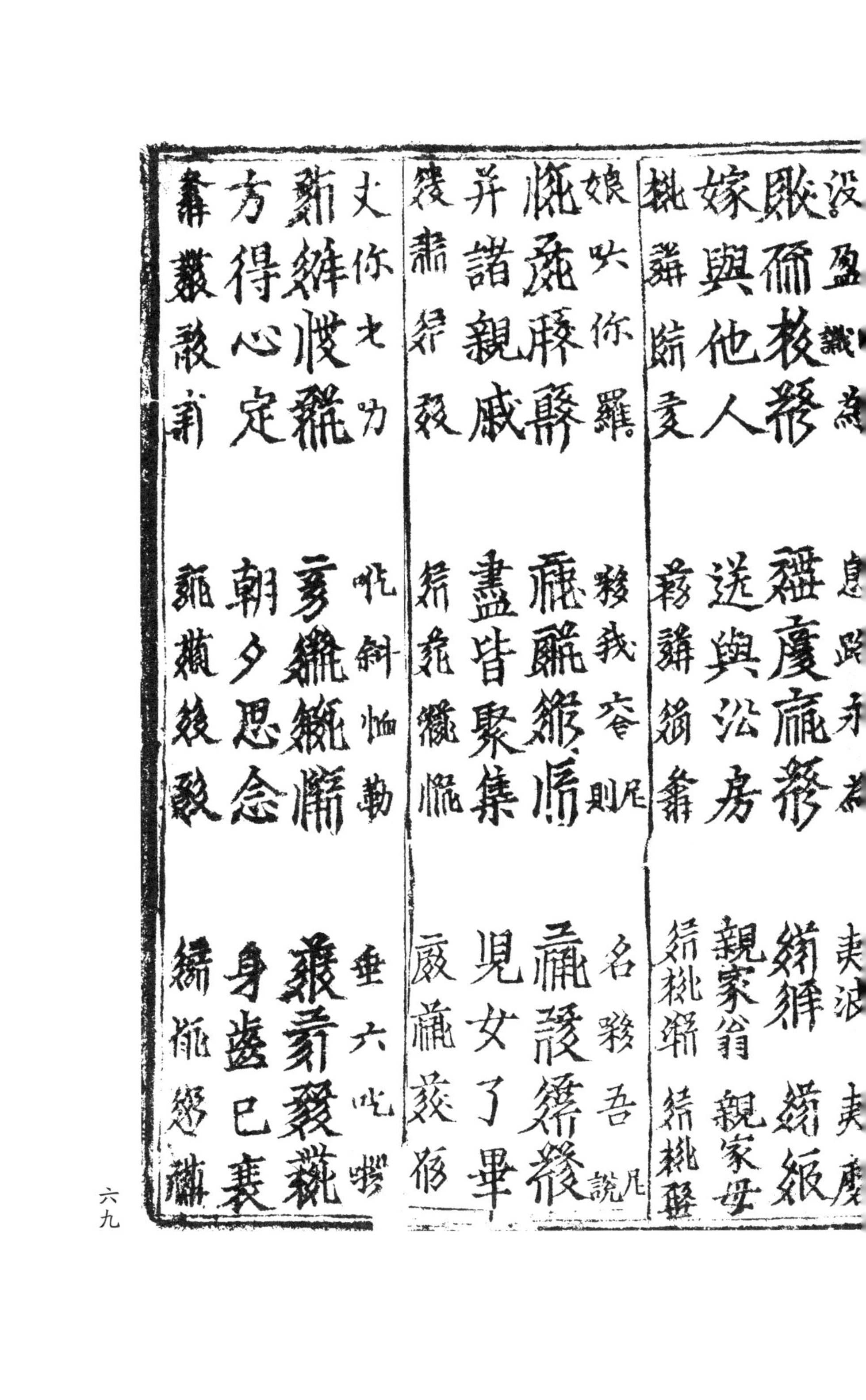

没盈識[illegible]
嫁與他人

息路[illegible]
送與沿房

夷波
親家翁
夷麼
親家母

娘吠你羅
并諸親戚

移我吝則尼
盡皆聚集

名移吾說尼
見女了畢

丈你七功
方得心定

吪斜恤勒
朝夕思念

垂六吃嘢
身邊已裏

尼卒將易苟
人壽百歲

折閣恒則
七十者稀

訛餓宜恒
凡君子者

斡那名聲
不失於物

盈那名堆
不累於己

訛你合精你合
能圓能方

阿領浪重青
豈滯一邊

特宿勒兀
雖然如此

吠尼卒名
世人

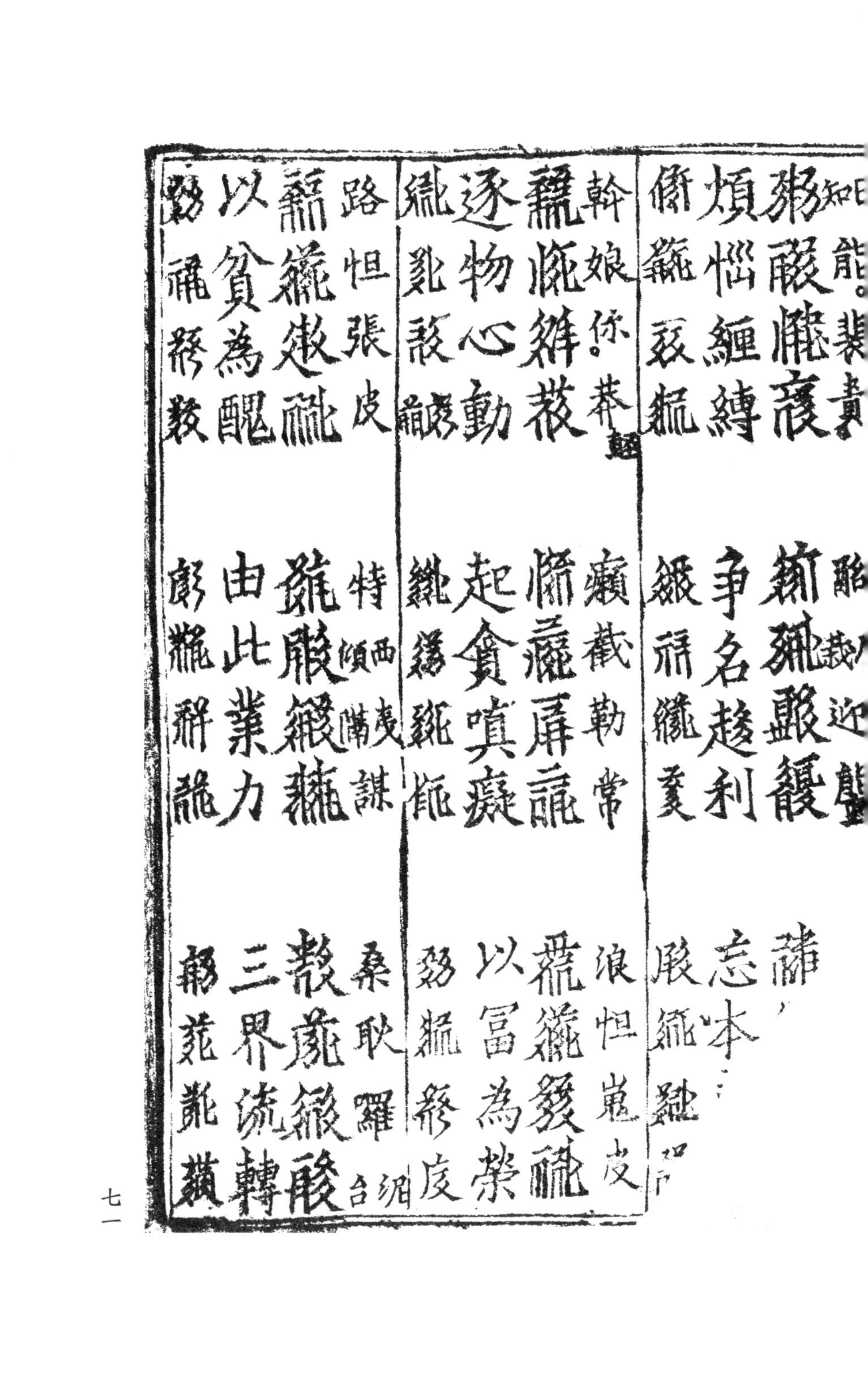

知□能裴責
[illegible]
煩惱纏縛
[illegible]

聯□裁□近□盤
[illegible]
爭名趁利
[illegible]

蒲□
[illegible]
忘本□
[illegible]

斡娘你恭超
[illegible]
逐物心動
[illegible]

癩截勒常
[illegible]
起貪嗔癡
[illegible]

浪怛嵬皮
[illegible]
以富為榮
[illegible]

路怛張皮
[illegible]
以貧為醜
[illegible]

特西頌陳麦謀
[illegible]
由此業力
[illegible]

桑耿羅絽台
[illegible]
三界流轉
[illegible]

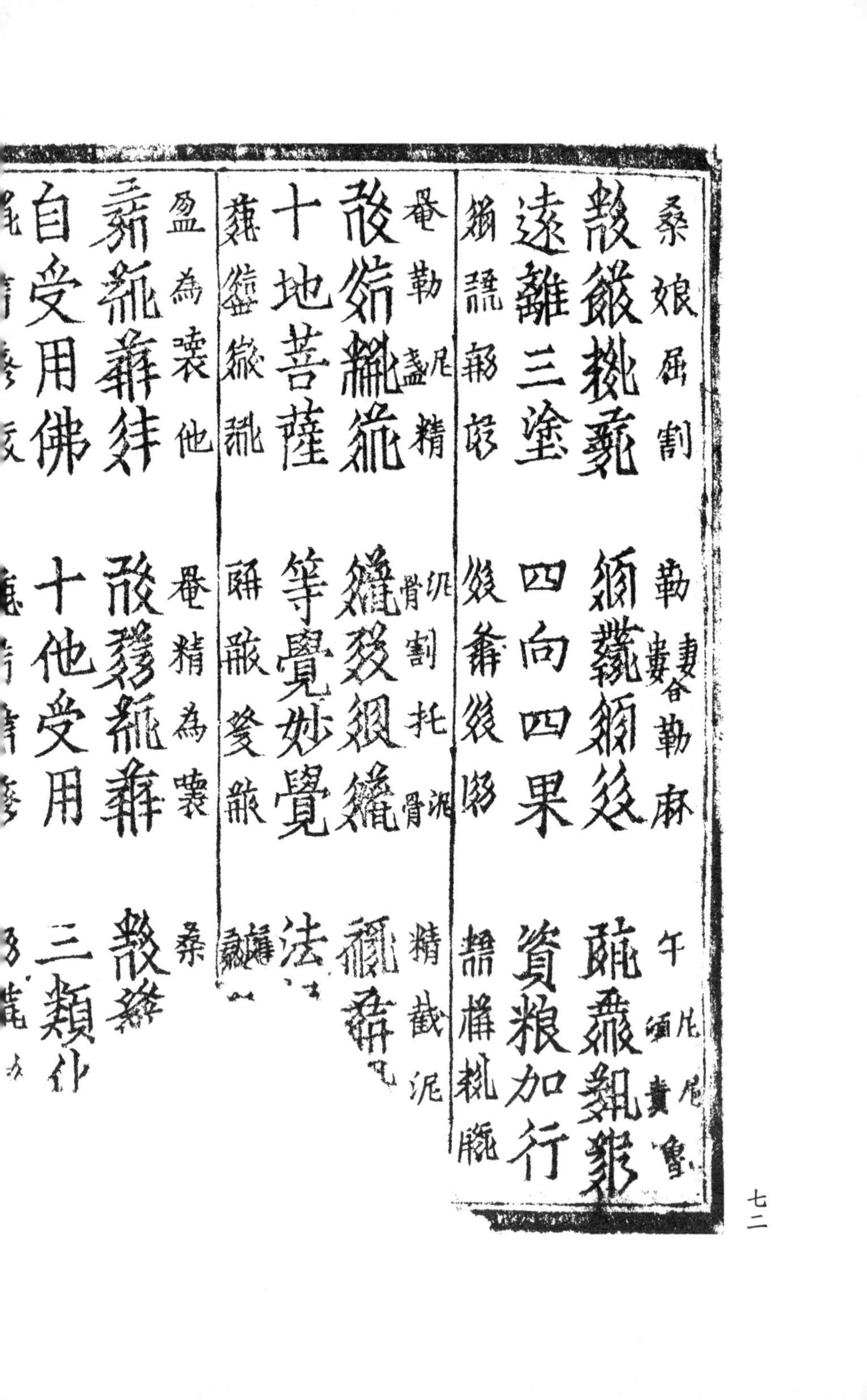

桑娘屈割　勒妻妻合勒麻　午尼缅尼責魯

[illegible]

遠離三塗　四向四果　資糧加行

[illegible]

疊勒尼盡精　吼骨割托泥骨　精截泥

[illegible]

十地菩薩　等覺妙覺　法

[illegible]

盈為嚷他　疊精為嚷　桑

[illegible]

自受用佛　十他受用　三類仏

[illegible]

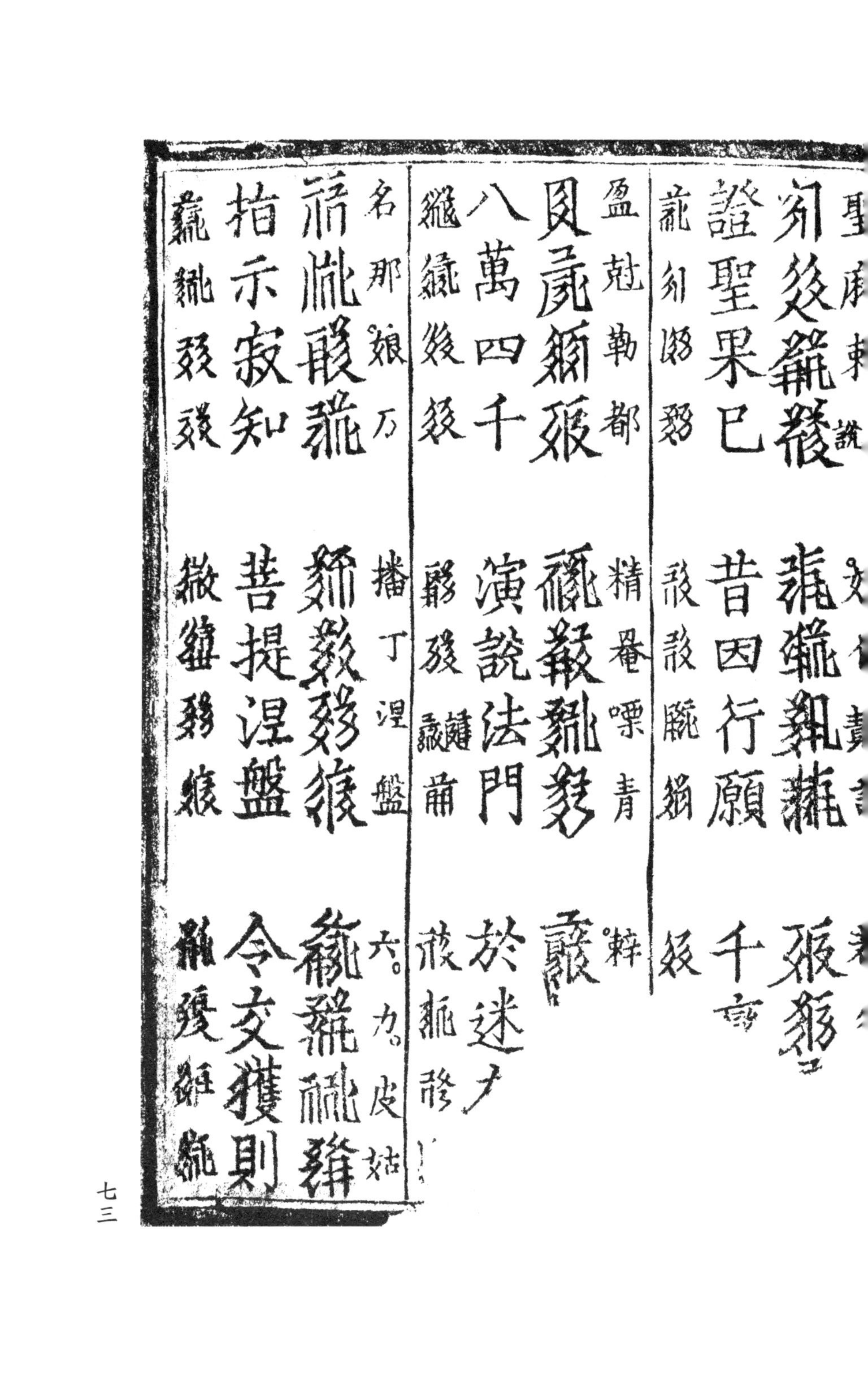

聖 廟 輔 說

[illegible]

證聖果已 昔因行願 千

[illegible]

[illegible]

盈 魁 勒 都 精 罨 嘌 青 粹

八萬四千 演說法門 於迷

[illegible]

[illegible]

名 那 娘 乃 播 丁 涅 盤 六。力。皮 姑

指示寂知 菩提涅盤 令交獲則

[illegible]

柚妻合尼責嚀　知截没浦　姓酥盈力
□□□□　□□□□　□□□□
六趣輪迴　苦惱無量　事如自悔
□□□□　□□□□　□□□□
尼責沉你蘋　聖折六力　名托勒
□□□□　□□□□　□□
修行觀心　得達聖道　[illegible]
□□□□　□□□□　□
□□□□□　□□
合時掌中珠　竟